PAOLA MEJIA RAM
PRESENTA

INGLES FLUIDO

EL MEJOR MÉTODO PARA APRENDER O MEJORAR TU INGLES

VOLUMEN . 1

ENGLISH
CARE

Paola Mejía Ram INGLÉS FLUIDO 1

INDICE

- ❖ **EN EL BANCO**
- ❖ **EL UNIVERSO**
- ❖ **VERBOS BASICOS EN INGLES**
- ❖ **EN EL HOSPITAL**
- ❖ **VESTIMENTA**
- ❖ **PALABRAS COMPUESTAS**
- ❖ **PALABRAS EN GERUNDIO**
- ❖ **RELIGION**
- ❖ **LAS PARTES DE LA SALA**
- ❖ **PAISES**
- ❖ **NUEVAS PALABRAS**
- ❖ **LUGARES**
- ❖ **INSTRUMENTOS MUSICALES**
- ❖ **USO DE A Y A**
- ❖ **THE**
- ❖ **PRESENTE DEL VERBO TO BE**
- ❖ **NUEVOS VOCABULARIOS**

INGLES FLUIDO

PAOLA MEJÍA RAM

Copyright © 2020 Paola Mejía Ram

ASIN: B0841W7QBY

INTRODUCCIÓN

Este es el primero de cinco libros, están divididos en diferentes volúmenes siendo este el volumen.1 y el más corto de tan solo 120 paginas en la versión kindle, te enseñamos inglés desde cero con un método fácil y sencillo con la pronunciación transcrita.

Todo lo que veas entre paréntesis es la pronunciación escrita. Con nuestro método de 5 libros llamado inglés fluido podrás aprender más de 24,000 palabras las cuales son las más importantes para poder obtener un inglés fluido.

Una vez termines los cinco libros podrás hablar, escribir, y entender ingles de una manera fluida, te recomiendo que sigas todas las instrucciones de este método y en pocas semanas aprenderás más ingles del que podrías aprender en meses. Nuestro primer libro no se basa en gramática pues está comprobado que es mejor para el estudiante aprender un poco de vocabulario para poder entender y aprender la gramática con más facilidad. Mi promesa para ti es que al terminar los cuatro libros no solo obtendrás un inglés fluido, también obtendrás una pronunciación perfecta.

LAS FRUTAS
THE FRUITS
(de fruuts)

APPLE (ápel) - manzana
CHERRY (chérri) – cereza
GRAPES (gréips) – uvas
LEMON (lémon) – limón
MELON (mélon) – melón
ORANGE (óranch) – naranja
PEANUTS (pínats) – maníes
PEAR (píar) – pera
PINEAPPLE (páinápel) – piña
STRAWBERRY (stróberri) – fresa
TANGERINE (tányerin) –
mandarina
WATERMELON (wórermélon) –
sandía
MANGO (mángou) – mango
COCONUTS (kóukonats) – cocos
ALMONDS (álmonds) – almendras

LA FAMILIA
THE FAMILY
(de family)

PARENTS (párents) - padres
MOTHER (móder) – madre
MOTHER-IN-LAW (móder in ló) –
suegra
MOM, MOMMY (mom, mámi) -
mami,
mamita
FATHER (fáder) – padre
FATHER-IN-LAW (fáder in ló) –
suegro
BROTHER (bróder) – hermano
BROTHER-IN-LAW (bróder in ló) –
cuñado
SISTER (síster) – hermana

SISTER-IN-LAW (síster in ló) – cuñada

SON (san) – hijo

SON-IN-LAW (san in ló) – yerno

DAUGHTER (dórer) – hija

DAUGHTER-IN-LAW (dórer in ló) – nuera

AUNT (ant) – tía

NIECE (níis) – sobrina

NEPHEW (néfiu) – sobrino

UNCLE (ankel) – tío

HUSBAND (jásband) – esposo

WIFE (uáif) – esposa

GRANDFATHER (gránd fáder) – abuelo

GRANDMOTHER (gránd móder) – abuela

GRANDSON (gránd son) – nieto

GRANDDAUGHTER (gránd dórer) – nieta

STEPMOTHER (stép móder) – madrastra

STEPDAUGHTER (stép dórer) – hijastra

STEPFATHER (stép fáder) – padrastro

STEPSON (stép son) - hijastro

LAS PARTES DE LA CASA
THE PARTS OF THE HOUSE
(de parts of de jaús)

BATHROOM (bázruum) – baño

BEDROOM (bédruum) – dormitorio

DOOR (dóor) – puerta
FLOOR (flóor) – piso
BEDROOM (bédruum) – dormitorio
BASEMENT (béisment) – sótano
CHIMNEY (chímni) – chimenea
DINING ROOM (dáining rúum) – comedor
DOORBELL (dóorbel) – timbre
GARAGE (garádch) – garage
GARDEN (gárden) – jardín
HALLWAY (hóol wéi) – pasillo
KITCHEN (kíchen) – cocina
LIVING ROOM (líving rúum) – sala
POOL (puul) – piscine
STEPS (stéps) – escalones
WALL (uól) – pared
WINDOW (uíndou) – ventana
CEILING (síling) – cielorraso

KEY (kíi) – llave
laundry room (lóndri rúum) –
lavadero
roof (rúf) - techo

<u>LAS PARTES DEL CUERPO</u>
<u>THE PARTS OF THE BODY</u>
<u>*(de parts of de body)*</u>

ARM (áarm) – brazo
ARMPIT (áarmpit) – axila
BACK (bák) – espalda
BELLY (béli) – panza
BOTTOM (bórom) – trasero
BRAIN (bréin) – cerebro
BREASTS (brésts) – mamas
cheekbones (chíikbóuns) –
pómulos
ABDOMEN (ábdomen) – vientre
ANKLE (ánkel) – tobillo
CHEST (chést) – pecho
EARS (íars) – orejas
CHEEKS (chíiks) – mejillas
ELBOW (élbou) – codo
EYES (áis) – ojos
EYEBROWS (áibráus) – cejas
FACE (féis) - cara, rostro
EYELASHES (áiláshis) – pestañas

FEET (fíit) – pies
FINGERS (fínguers) – dedos
FOREHEAD (fórjed) – frente
HEAD (jéd) – cabeza
HEART (járt) – corazón
LEG (leg) – pierna
LIPS (lips) – labios
MOUTH (máuz) – boca
NAVEL (néivel) – ombligo
NECK (nék) – cuello
NAILS (néils) – uñas
SHOULDER (shóulder) - hombro
RIB (rib) - Costilla

STOMACH (stómak) – estómago
TEETH (tíiz) – dientes
TOES (tóus) - dedos (del pie)
TOOTH (túuz) – diente
THROAT (zróut) – garganta

SKIN (skin) – piel
SKULL (skál) – cráneo
VAGINA (vayáina) – vagina
WRIST (ríst) – muñeca
HAND (jánd) – mano
HAIR (jéer) - cabello

EL CLIMA

THE WEATHER
(De ueder)

CLOUDY (cláudi) – nublado
COLD (cóuld) – frío
DEGREES (digríis) – grados
FLOOD (flóod) – inundación
FOGGY (fógui) - con niebla
FOG (fog) – niebla
HOT (hót) – caluroso
ICE (áis) – hielo
LIGHTNING (láitning) - relámpago,
MIST (mist) – neblina
HURRICANE (hérrikéin) – huracán
RAINY (réini) – lluvioso
SKY (skái) – cielo
STORM (stórm) – tormenta
SNOW (snóu) – nieve
STORMY (stórmi) – tormentoso

SUNNY (sáni) – soleado
WIND (uínd) – viento
SHOWER (sháuer) – aguacero
RAIN (réin) – lluvia
RAINY (réini) – lluvioso
TORNADO (tornéidou) – tornado
THUNDER (zúnder) – trueno
HUMID (jiúmid) – húmedo
CLEAR (clíar) – despejado
CLOUDY (cláudi) – nublado

EL JARDÍN
THE GARDEN
(de garden)

FLOWERS (fláuers) – Flores
HOSE (jóus) - manguera
FOUNTAIN (fáunten) – fuente
GRASS (grás) - pasto
RAKE (réik) – rastrillo
SHOVEL (shável) – pala
SPADE (spéid) – pala
GREENHOUSE (gríinjáus) -
invernadero
WATERING CAN (wórering can) –
regadera
WHEELBARROW (uíil bárrou) –
carretilla

WEEDS (wíids) - malas hierbas
ROSE BUSH (róus bush) – rosal
PATH (paz) - sendero, caminito
LAWN (lóon) – césped
LADDER (láder) - escalera de
mano

COMIDAS
FOODS
(de fuuds)

SAUCE (sóos) – salsa
TURKEY (túrki) – pavo
VEGETABLES (véchtebels) -
verduras
SCRAMBLED EGGS (scrámbeld
éggs) - huevos revueltos

MASHED POTATOES (máshd potéirous) - puré de papas

CHICKEN (chíken) – pollo

FRENCH FRIES (french fráis) - papas fritas

RIBS (ribs) - costillas

HAM (jám) – jamón

STEAK (stéik) - bistéc

BAKED POTATOES (béikd potéirous) - papas al horno

CHEESE (chíis) – queso

TOMATO SAUCE (toméirou sóos) - salsa de tomate

STEW (stiú) - guiso, estofado

DESSERT (disért) – postre

PORK (pork) - carne de cerdo

SOUP (súp) - sopa

FRIED CHICKEN (fráid chíken) - pollo frito

HOT DOG (hot dog) – salchicha
MEATBALLS (mít bols) –
   albóndigas
SAUSAGE (sósechd) - salchicha,
   chorizo

LOS ANIMALES
THE ANIMALS
(de animals)

BULL (bul) – toro
HORSE (jórs) - caballo
COW (káu) – vaca
DONKEY (dónki) – burro
LION (láion) - león
ANTELOPE (ántiloup) – antílope
CAT (kat) – gato

FOX (fox) – zorro
MONKEY (mónki) - mono
CAMEL (kámel) – camello
DOG (dog) – perro
ELEPHANT (élefant) - elefante
CHIMPANZEE (chimpansí) –
   chimpancé
DEER (díer) – venado
PIG (pig) – cerdo
MOUSE (máus) - laucha, ratón
TIGER (táiguer) - tigre
SHEEP (shíip) – oveja

ESCUELA
SCHOOL
(eskuul)

CLASSROOM (klásruum) – aula
PENCIL (pénsil) - lápiz
BACKPACK (bákpak) – mochila
PEN (pen) - bolígrafo
BOOK (búuk) – libro
BREAK (bréik) – recreo
CLASSMATE (klásméit) -
    compañero de clase
QUIZ (kuíss) - prueba, test
CLASSROOM (klásrum) – aula
COURSE (kúurs) – curso
DIPLOMA (diplóuma) – diploma

DEGREE (digríi) - título, licenciatura

HOMEWORK (jóumwork) - tarea

PENCIL SHARPENER (pénsil chárpener) - sacapuntas

ERASER (iréiser) – borrador

GEOMETRY (yiómetri) – geometría

DESK (desk) – escritorio

NOTEBOOK (nóutbuuk) – cuaderno

RULER (rúler) - regla

PLAYGROUND (pléigráund) - patio

TEACHER (tíicher) - maestro, profesor

<u>LOS DÍAS DE LA SEMANA</u>
<u>DAYS OF THE WEEK</u>
<u>*(deis of de wiik)*</u>

SUNDAY (sandei) – Domingo
MONDAY (mondei) - Lunes
TUESDAY (tiusdei) - Martes
WEDNESDAY (uensdei) –
   Miercoles
THURSDAY (zursdei) – Jueves
FRIDAY (fraidei) – Viernes
SATURDAY (sarurdei) Sabado

EN EL BANCO
AT THE BANK
(At de bank)

CHANGE (chéinch) – Cambio
CHECK (check) – Cheque
ATM (ei-ti-em) – Cajero
CHARGE (charch) – Cobrar
ACCOUNT (acáunt) - Cuenta
INHERIT (injérit) – Heredar
STATEMENTS (estéitments) -
Estados de cuenta
CASH (cash) – Efectivo
BILLS (bíls) Facturas

TO SIGN (tu sain- Firmar
EXPENSES (expenses) – Gastos
SAVINGS (séivings) – Ahorros
SAFE (seif) – Caja fuerte
RATE (REIT) – Tarifa
FUNDS (fónds) – Fondos
LOAN (lóun) – Préstamo
LEND (lend) – PRESTAR
TO WITHDRAW (tu uizdróu)
   Retirar

EL UNIVERSO
THE UNIVERSE
(De iunivers)

ECLIPSE (eklípse) - Eclipse
LIGHT YEAR (láit íar) – Año luz
METEOR (mírior) – Meteoro
ASTEROID (ásteroid) – Asteroide

MARS (máars) – Marte
UFO (iú-ef-óu) – Ovni
TELESCOPE (téleskoup) –
    Telescopio
SPACE (espéis) – Espacio
PLANET (plánet) – Planeta
NORTH (nórz) – Norte
SATELLITE (sáreláit) – Satélite
WEST (uést) – Oeste
UNIVERSE (iúnivers) – Universo
THE EARTH (di-érz) – La tierra
THE MOON (de múun) – La luna
OUTER SPACE (aurer espéis) –
    Espacio exterior
SHOOTING STAR (chúuring stár) –
    Stella fugaz
THE MILKY WAY (milki uéi) – La
    via lacteal
SOUTH (sáuz) – Sur

VERBOS BASICOS
BASIC VERBS
(Beisic verbs)

TO GIVE (tu guíf) – Dar
TO SENT (tu send) – Enviar
TO TAKE (tu téik) – Tomar
TO MAKE (tu méik) – Hacer
TO DO (tu dúu) – Hacer
TO COME (tu com) – Venir
TO GO (tu góu) – Ir
TO HAVE (tu jáf) – Tener
TO LET (tu lét) – Dejar
TO SEE (tu síi) -   Ver
TO SAY (tu séi) – Decir
TO PUT (tu pút) – Poner
TO KEEP (tu kíip) – Mantener

TO GET (tu guét) – Conseguir
TO TELL (tu tél) – Contar
TO EAT (tu íit) – Comer
TO DRINK (tu drink) – Beber
TO CHANGE (tu cheinch) –
Cambiar

EN EL HOSPITAL
AT THE HOSPITAL
(At de jóspiral)

AMBULANCE (ámbiulans) –
Ambulancia
HEALTH INSURANCE (jélz
inchúrans) – Seguro médico
BLOOD TEST (bloód test) – Prueba
de sangre

CHECK-UP (chekáp) – Chekeo
médico

FIRST AID (férst éid) – Primeros
auxilios

DOCTOR (dóktor) – Doctor

CAPSULE (kápsul) – Cápsula

BLOOD PRESSURE (blood
préscher) – Presión en la
sangre

EMERGENCY ROOM (imérdyensi
ruum) – Sala de emergencias.

GAUZE (góos) – Gasa

NURSE (núurs) – Enfermera

PAINKILLER (péinkiler) – Calmante

PATIENT (péichent) – Paciente

INJECTION (inyékchon) –
Inyección

PRESCRIPTION (preskripchon) -
Receta

VESTIMENTA
CLOTHING
(Clouzing)

BELT (belt) - Cinturón
COAT (koút) – Abrigo
DRESS (dres) **-** Vestido
FLIP-FLOPS (flipflóps) –
   Chancletas
GLOVES (glófs) – Guantes
HANDKERCHIEF (jándkerchif) –
   Pañuelo de bolsillo
LAPEL (lapél) – Solapa
BAG (bag) – Bolso
CLOAK (klóuk) – Capa

EARRING (irring) –Arete, pendiente

BATHROBE (báz roúp) – Bata de baño

BOOTS (búuts) – Botas

LEGGINS (léguins) – Licras deportivas

PURSE (púurs) – Cartera

SCARF (eskarf) – Bufanda

SHOES (chúus) – Zapatos

SKIRT (eskért) – Falda

VEST (vést) - Chaleco

PALABRAS COMPUESTAS

DAY (déi) – Día
LIGHT (láit) – Luz
DAYLIGHT (déi-láit) – Luz del día
BACK (bák) – Espalda
BONE (bóun) – Hueso
BACKBONE (bák-bóun) – Columna
vertebral
RAIN (réin) – Lluvia
WATER (uóorer) – Agua
RAINWATER (réin-uóorer) – Agua
lluvia
SALT (sólt) – Sal
SALTWATER (sólt-uóorer) – Agua
salada
HAIR (jéar) – Cabello
TOOTH (túuz) – Diente
HAIR-BRUSH (jéar-brásh) – Cepillo
para el pelo

TOOTHBRUSH (túuz brásh) – Cepillo de dientes

PALABRAS EN GERUNDIO

COMING (cóming) – Viniendo
DOING (dúuing) – Haciendo

GIVING (guiving) – Dando
GOING (going) – Yendo
MAKING (méiking) – Haciendo
SAYING (séiing) – Diciendo
SENDING (sending) – Enviando
TAKING (téiking) – Tomando
LETTING (léring) – Dejando
PUTTING (púring) – Poniendo
KEEPING (kíiping) – Manteniendo
SEEMING (síiming) – Pareciendo
DRINKING (drinking) - Bebiendo

PALABRAS TERMINADAS EN *CION*

FICTION (fíkchon) – Ficción
ATTENTION (aténchon) –
    Atención
CONDITION (condíchon) –
    Condición
INVENTION (invénchon) –
    Invención
DIRECTION (dirékchon) –
    Dirección
DISTRIBUTION (distribiúchon) –
    Distribución
EDUCATION (ediukéichon) –
    Educación
DESTRUCTION (distrókchon) –
    Destrucción

ATTRACTION (atrákchon) –
   Atracción
ADDITION (adichon)- Adición
STATION (estéichon) – Estación
OBSERVATION (observéichon) –
   Observación
SELECTION (selékchon) –
   Selección
RELATION (riléichon) – Relación
OPERATION (operéichon) -
   Operación
REACTION (ríiakchon) - Reacción

PALABRAS TERMINADAS EN *LY*

CLEAR *(*clíar)- Claro
CLEARLY (clíarly) – Claramente
OPEN (óupen) – Abierto
OPENLY (óupenly) –
    Abiertamente
YEAR (Yiar) - Año
YEARLY (yiarly) – Anualmente
DEEP (diip) – Profundo
DEEPLY (diiply) – Profundamente
DAY (déi) - DÍA
DAILY (déily) – Diariamente
QUICK (cúik) – Rápido
QUICKLY (cúikly) – Rápidamente
NORMAL (nóormal) - Normal
NORMALLY (nóormaly)-
    Normalmente
SECRET (síicret)- Secreto

WISE (uáis) – Sabio
WISELY (uáisly) - Sabiamente
FREE (fríi) – Libre
FREELY (fríily) - Libremente

RELIGION

DEMON (dímon) – Demonio
GOD (gad) – Dios
CATHEDRAL (cazídral) – Catedral
FAITH (féiz)- FE
HELL (Jél) – Infierno
MONK (monk) – Monje
CHURCH (chúrch) – iglesia
CONVENT (cónvent) – Convento
MIRACLE (mírakel) – Milagro

CHARITY (chériri) – Caridad
DISCIPLE (disáipel) – Discípulo
HEAVEN (jéven) – Cielo
MASS (mas) – Misa
BAPTISM (báptism)- Bautismo
BIBLE (báibel)- Biblia
NUN (nán) – Monja
POPE (póup) – Papa
SINNER (síner)- Pecador

LAS PARTES DE LA SALA
THE LIVING ROOM
(De living ruum)

FIREPLACE (fáier-pléis) – Chimenea

FIREWOOD (fáier-wúud) – Leña

FURNITURE (férnicher)- Muebles

CLOCK (klóok) - Reloj de pared

ARMCHAIR (árm-cher) – Sillón

LAMP (lámp) – Lámpara

PAINTING (péinting) – Cuadro

ROCKING CHAIR (róking chéer) – Mecedora

TELEVISION (televíchon) – Televisor

RECLINER (rikláiner) - Sillón reclinador

STAIRCASE *(stér-kéis)* – Escalera

TELEPHONE (télefóun) - Teléfono

PAÍSES
COUNTRIES
(CONTRIS)

ARGENTINA (aryentína) – Argentina

AUSTRALIA (ostrélia) – Australia

BRAZIL (bresíl) – Brasil

BELGIUM (bélyium) – Bélgica

CHINA (chaina) – China

ENGLAND (íngland) – Inglaterra

FRANCE (frans) – Francia

GERMANY (yérmani) – Alemania

GREECE (gríi) – Grecia

MEXICO (méksicou) – México

SPAIN (spéin)- España
IRELAND (áirland) – Irlanda
ITALY (ítaly) – Italia
COLOMBIA (kolómbia) –
  Colombia
DENMARK (dénmark)- Dinamarca
UNITED STATES (iunáired-stéits) -
  EE.UU
NORWAY (nóorwei) – Noruega
JAMAICA (yaméica) – Jamaica

COCINANDO
COOKING
(KÚUKING)

BAKE (béik) - Hornear

BOIL (bóil) – Hervir
CHILL (chil) – Enfriar
COVER (kóver)- Cubrir
DEFROST (difróst) – Descongelar
DRY (drái) – Secar
GREASE (gríis)- Engrasar
HEAT (jíit)- Calentar
MIX (míks)- Mezclar
PEEL (píil)- Pelar
ROAST (róust) – Asar
SEASON (síson)- Aderezar
SHAKE (shéik) – Agitar
TO STEAM (stíim) - Cocinar al
     vapor
CHOP (chóp)- Cortar en trozos
COOK (kúuk) – Cocinar
TO FRY (tu frái)- Freir
TO BLEND (tu blend) Licuar

NUEVAS PALABRAS

RAY (réi)- Rayo

RAYS (réis)- Rayos

COPY (cópi)- Copia

COPIES (cópis)- Copias

TRAY (tréi)- Bandeja

TRAYS (tréis) – Bandejas

MONKEY (mónki)- Mono

MONKEYS (mónkis)- Monos

FISH (fish)- Pescado

FISHES (fishes)- Pescados

GLASS (gláas) – Vaso

GLASSES (glásses) – Vasos

TAX (táks)- Impuesto

TAXES (tákses) – Impuestos

BOX (bóx) – Caja

CAJA (bókses) - CAJAS

DEPORTES
SPORTS
(sports)

BOXING (bóksing)- Boxeo
FISHING (físhing)- Pesca
HORSE RACING (jors réising)-
   Carrera de caballos
HUNTIN (jónting) Caza
BASKETBALL (básketbol)- Básquet
CAR RACING (car réising)-
   Automovilismo

BASEBALL (béisbol) – Béisbol
KARATE (karáti)- Karate
BILLIARDS (bíliards)- Billar
DIVING (dáiving)- Buceo
GYMNASTICS (yimnástiks)-
  Gimnasia
ARCHERY (árcheri)- Arquería
PARACHUTING (parachúring) –
  Paracaidismo
SAILING (séiling)- Navegación a
  vela
SKYDIVING (skáidáiving)-
  Paracaidismo acrobático
SWIMMING (suíming) – Natación
VOLLEYBALL (vólibol) - Vóleibol

LUGARES

PLACES
(PLEISES)

CEMETERY (sémeteri) – Cementerio

BAR (bar)- Bar

BOULEVARD (búlevard)- Bulevar

BUILDINGS (bíldings)- Edificios

BUS STOP (bás stop) - Parada de autobús

CIRCUS (sírkus)- Circo

ARTS CENTER (árts sénter)- Centro cultural

CITY HALL (síri hól)- Ayuntamiento

AIRPORT (érport) – Aeropuerto

BANK (bank) - Banco

CATHEDRA (kazídral)- Catedral

BOTANICAL GARDEN (botánical garden)- jardín botánico

ART GALLERY (árt gáleri)- Galería de arte

EMBASSY (embasi) – Embajada

DOWNTOWN (dáun táun) - Centro de la ciudad

MONUMENT (móniument)- Monumento

MUSEUM (miussíom) Museo

INSTRUMENTOS MUSICALES
MUSICAL INSTRUMENTS
(MIÚSICAL INSTRUMENTS)

VIOLIN (vaiolín) - Violín
PIANO (piánou)- Piano
MARACA (moráca) – Maraca
KEYBOARD (kíbord) – Teclado
SAXOPHONE (sáxofoun) –
Saxofón
HARP (járp)- Harpa
GUITAR (guitár) - Guitarra
FLUTE (flút) – Flauta
ACCORDION (akórdion)-
Acordeón
DRUMS (dróms)-   Batería
DRUMSTICKS (drómstiks) –
Palillos
HARMONICA (jarmónica)-
Armónica
TRUMPET (trómpet) – Trompeta

A y AN

El significado de A y AN es el mismo, significan *UN O UNA* La diferencia es que cuando la palabra que le sigue comienza con vocal; usamos AN y cuando comienza con consonante usamos A. Veamos algunos ejemplos, recuerda practicar en voz alta y no olvides que lo que está entre paréntesis es la pronunciación escrita.

A WOMAN *(á uúman)* – Una mujer

A BOOK *(á búk)* – Un libro

A BOY *(á bói)* – Un niño

AN APPLE *(án ápel)* – Una manzana

AN OLD MAN *(án oúld man)* – UN hombre viejo

AN EGG *(án ég)* – Un huevo

A GOOD STUDENT - *(á gúud studént)* – Un buen estudiante

AN UGLY BOY *(án ógly boy)* – UN niño feo

AN EASY QUESTION – *(án iisy cuéchon)* – Una pregunta fácil

Excelente ahora vamos a la siguiente lección las palabras que no tienen pronunciación escrita es porque ya la hemos dado anteriormente.

THE

Es uno de los artículos definido más fácil de usar en inglés y posiblemente el más común lo vas a ver bastante por lo que debes aprenderlo de memoria. THE significa *El, la, los, las, lo. Aprende de memoria los siguientes ejemplos y así podrás dominarlo a la perfección.

THE HOUSE----- *(dé jáus)* – La casa
THE CAR -------- (dé car) – El carro
THE SUN ------- (dé sán) – El sol

THE BOYS ------ (dé bóis) – Los niños

THE GIRLS ----- (dé girls) – Las niñas

THE CAT -------- (dé cát) – El gato

THE DOGS ----- (dé dógs) – Los perros

THE SMITH (dé smiz) – Los Smith (la familia Smith)

PRESENTE DEL VERBO *TO BE* (tú bí)

AFIRMATIVA:

I AM *(ái am)* – Yo soy o estoy

YOU ARE *(iú ar)* – Tu eres o esta

HE IS *(jíi ís)* – Él es o esta

SHE IS *(chíi ís)* – Ella es o esta

IT IS *(it is)* – Ello, él, ella (para animales y cosas)

WE ARE *(uí ar)* – Nosotros somos o estamos

THEY ARE (déi ar) – Ellos son o están

Es importante que sepas que *YOU* significa TU, USTED Y USTEDES. También debes saber

qué *IT* es usado para animales y cosas, iras dominando su uso poco a poco. Le recomendamos que comience a cambiar su entorno a ingles lo más que pueda por ejemplo su celular cambiarlo a ingles completamente, empezar a escuchar música en inglés, películas, series. Etc. Vamos a continuación a ver algunos ejemplos con el verbo TO BE para que domines su uso rápidamente.

NEGATIVA:

I AM NOT *(ái am nat)* – Yo no soy o yo no estoy

YOU ARE NOT *(iú ar nat)* – Tu no eres o no estas

HE IS NOT *(jíi ís nat)* – Él no es o no esta

SHE IS NOT *(chíi ís nat)* – Ella no es o no esta

IT IS NOT *(it is nat)* – Ello, él, Ella no es ni esta (para animales y cosas)

WE ARE NOT *(uí ar nat)* – Nosotros no somos o no estamos

THEY ARE NOT (déi ar nat) – Ellos no son o no están

EJEMPLOS CON EL VERBO TO BE

I AM NOT VERY TALL – YO NO SOY MUY ALTO O ALTA
HE IS NOT MY BROTHER – EL NO ES MI HERMAN
THEY ARE NOT FRIENDS – ELLOS NO SON AMIGOS
THEY ARE NOT HAPPY – ELLOS NO SON FELICES
THE SKY IS NOT CLEAR – EL CIELO NO ESTA CLARO
HE IS NOT A LAWYER – EL NO ES ABOGADO
PETER IS NOT A PILOT – PEDRO NO ES UN PILOTO
TODAY IS NOT MONDAY- HOY NO ES LUNES

WE ARE NOT COUSINS – NOSOTROS NO SOMOS PRIMOS
MARY IS NOT A DOCTOR – MARIA NO ES DOCTORA
SHE IS A DOCTOR – ELLA ES DOCTORA
HE IS AN ENGINEER - EL ES UN INGENIERO
I AM A DRIVER – YO SOY UN CHOFER
YOU ARE A NURSE – TU ERES ENFERMERA
YOU ARE DOCTORS - USTEDES SON DOCTORES
YOU ARE DANCER – USTED ES BAILARINA
WE ARE EMPLOYEES – NOSOTROS SOMOS EMPLEADOS

THEY ARE ACTORS – ELLOS SON ACTORES
SHE IS A DANCER – ELLA ES UNA BAILARINA
HE IS A FISHERMAN – EL ES UN PEZCADOR
WE ARE MANAGERS – NOSOTROS SOMOS GERENTES
I AM A BAKER – YO SOY PANADERO
THEY ARE ACCOUNTANTS – ELLOS SON CONTADORES
MARY IS AN ACTRESS - MARIA ES UNA ACTRIZ
TOM AND MARY ARE ACTORS- TOM Y MARIA SON ACTORES
JEN IS SMART – JEN ES INTELIGENTE
IT IS NICE – ES LINDO

Estos ejemplos no tiene la pronunciación escrita porque ya la hemos dado en elecciones anteriores.

MEMORIZA EL SIGUIENTE VOCABULARIO

WHAT *(uát)* - Que o cual
DAY *(déi)* – Día
TOMORROW *(túmorou)* – Mañana
TODAY *(tudéi)* – Hoy
AFTER TOMORROW *(after tumorous)* – Pasado mañana
LAST NIGHT *(lást naít)* – Anoche
TIME *(táim)* – Tiempo

NOW *(náo)* – Ahora
WHERE *(uéer)* – Donde
BAD *(bad)* – Malo
BEFORE *(bifóor)* – Antes
YESTERDAY *(iésterdéi)* – Ayer
MORNING *(mórning)* – Mañana
TONIGHT *(tunáit)* – Esta noche
NAME *(néim)* – Nombre
DAILY *(déily)* – Diariamente
MORE *(moor)* – Mas
HERE *(jíar)* – Aquí

Es muy importante que aprenda todas las lecciones ya que más adelante tendremos un examen. En la siguiente página vamos a aprender a usar los días de la semana recuerda que los vimos anteriormente.

What day is today? - Que día es hoy?

Today is Saturday. – Hoy es Sábado

What day is tomorrow? – Que día es mañana?

Tomorrow is Monday. – Mañana es Lunes

Yesterday was Tuesday – Ayer era martes

After tomorrow is Friday – Pasado mañana es viernes

- **Ahora comprueba lo aprendido usando los ejemplos anteriores, es importante que tengas una libreta para tomar notas y repasar.**

WHAT _____ TOMORROW?

TOMORROW _____MONDAY

YESTERDAY _____TUESDAY

_____ IS FRIDAY

YESTERDAY WAS _____

LOS NÚMEROS ORDINALES EN INGLÉS

Los números ordinales son aquellos que indican la posición de algo en un orden o una lista. Recuerda que la palabra ordinal viene de la palabra ORDEN. Y DEBES SABER QUE LA *TH* EN INGLES SUENA COMO NUESTRA *Z*.

FIRST / 1st = primero - *(férst)*

SECOND / 2nd = Segundo - *(sécond)*

THIRD / 3rd = tercero – *(Zérd)*

FOURTH / 4th = cuarto – *(fórz)*

FIFTH / 5th = quinto – *(fifz)*

SIXTH / 6th = sexton - *(sixz)*

SEVENTH / 7th = séptimo – *(sévenz)*

EIGHTH / 8th = octavo – *(éitz)*

NINTH / 9th = novena – *(náinz)*

TENTH / 10th = décimo – *(ténz)*

LOS ORDINALES DEL 1 AL 10 PONEN UNA *TH* AL FINAL. 1st, 2nd, 3rd. Etc. = ES LA ABREVIACION NORMALMENTE LO VEMOS ABREVIADO-

ELEVENTH = 11th - *(ilevénz)*

TWELFTH = 12th – *(tuélf)*

THIRTEENTH = 13th – *(zértiinz)*

FOURTEENTH = 14th - *(fórtinz)*

FIFTEENTH = 15th – *(fiftinz)*

SIXTEENTH = 16th – *(sixtiinz)*

SEVENTEENTH = 17th *(sevéntinz)*

EIGHTEENTH = 18th – *(eitinz)*

NINETEENTH = 19th – *(naintinz)*

TWENTIETH = 20th - *(tuentiez)*

Excelente ahora ya sabes los números ordinales en ingles los cuales son de suma importancia. Los usamos para:

FECHAS: JANUARY 7th / THE 20th CENTURY
PLANTAS DE UN EDIFICIO: THE SECOND FLOOR
PARA REYES, REYNAS Y PAPAS: GEORGE THE SECOND
HABLAR DE GANADORES EN UN CONCURSO: THE THIRD PLACE

INTRODUCCION A LA

PRONUNCIACION DEL INGLES

Vamos a aprender algunas reglas de pronunciación del inglés para asi facilitarte el aprendizaje y la pronunciación. En este idioma existen las llamadas LETRAS MUDAS (SILENT LETTERS) Son letras que están ahí pero no se pronuncian, no suenan. Si las aprendes será más fácil tu aprendizaje.

B MUDA
La B no se pronuncia después de la M al final de una palabra. EJEMPLOS.

BOMB *(bóm)* - Bomba

CLIM<u>B</u> *(claím)* – Escalar
COM<u>B</u> *(cóm)* – Peine
DUM<u>B</u> *(dóm)* - Tonto
DE<u>B</u>T *(dét)* – Deuda
DOU<u>B</u>T *(dáut)* – Duda
LAM<u>B</u> *(lám)* – Cordero

<u>H MUDA</u>
No se pronuncia en estas palabras

G<u>H</u>OST *(goúst)* – Fantasma
<u>H</u>OUR *(aúer)* – Hora
<u>H</u>ONEST *(oúnest)* – Honesto
W<u>H</u>AT *(uát)* – Que, cual
W<u>H</u>EN *(uén)* – Cuando
W<u>H</u>ERE (uéer) – Donde

<u>G MUDA</u>

Con frecuencia cuando la G esta delante de la N no se pronuncia.

SIGN *(sáin)* – Señal
FOREIGH *(foréin)* – Extranjero
CHAMPAGNE *(champéin)* – Champaña

K MUDA

Cuando la K esta despues de la N no suena

KNEE *(níi)* – Rodilla
KNOW *(nóu)* – Saber
KNIFE *(náif)* – Cuchillo
KNIGHT *(náit)* – Caballero de la edad media, caballo pieza de ajedrez

W MUDA
La W no se pronuncia cuando le sigue una R.
Veamos algunos ejemplos:

WONG *(róng)* – Incorrect, equivocado
WRIST *(ríst)* – Muñeca
WRAP *(ráp)* – Envolver
WRECK *(rék)* – Ruina
WRINKLE *(rínkel)* – Arruga
WRESTLE *(résel)* – Luchar
WRIGGER *(ríguer)* – Exprimidor

GH MUDA

RIGHT *(rait)* – Correcto, cierto
SIGHT *(sait)* – Vista

FIGHT *(fait)* – Pelea
FLIGHT *(flait)* – Vuelo
NIGHT *(nait)* – Noche
BRIGHT *(brait)* – Brillante
TIGHT *(tait)* – Apretado
LIGHT *(lait)* - Luz

EJEMPLO EXCEPCION: A CONTINUACION TE MUESTRO OTRO EJEMPLO DE COMO VARIA LA PRONUNCIACION DE GH. Más adelante veremos más ejemplos de pronunciación

GH se pronuncia a veces como F, no hay una sola forma de pronunciarlas. Veamos algunos ejemplos:
LAUGH *(láf)* – Reir

ENOUGH *(inóf)* – Suficiente
COUGH *(cóf)* - Toser
<u>SALUDOS Y DESPEDIDAS EN
INGLES</u>

**Una vez aprendas a saludar y a
despedirte sentirás más
comodidad al hablar inglés. Es
importante que tengas
conocimiento de que existen
saludos y despedidas formales e
informales. Formales son los que
usamos con personas que no
conocemos o en el trabajo,
oficina, etc. Informales cuando
hablamos con personas de
confianza, amigos, familiares,
etc.**

SALUDOS FORMALES

HELLO *(jelou)* – Hola
GOOD MORNING *(gúd morning)* – Buenos días
GOOD AFTERNOON *(gúd afternuún)* – Buenas tardes
GOOD EVENING *(gúd ifning)* – Buenas noches
HOW ARE YOU? *(jao ar iu)* – Como estas?

DESPEDIDAS FORMALES

GOODBYE *(gúd bai)* – Adiós
HAVE A NICE DAY *(jaf a nais déi)* – Que tenga un buen día
GOOD NIGHT *(gúd nait)* – Buenas noches

IMPORTANTE: Good night, usamos Good night para despedirnos. Para decir buenas noches cuando nos vamos de algún lugar.

SALUDOS INFORMALES

Hi *(jai)* – Hola
WHAT´S UP? *(uats ap)* – Qué tal?
WHAT´S NEW? *(uats niu)* – Qué hay de Nuevo?

DESPEDIDAS INFORMALES

BYE-BYE *(bai-bai)* – Adiós
LATER *(leirer)* – Nos vemos luego
SEE YOU! *(si iu)* – Nos vemos
SEE YA! *(si ya)* – Nos vemos

IMPORTANTE: Estos son algunos de los Greetings o saludos más usados en inglés es importante que recuerdes que GOOD NIGHT significa BUENAS NOCHES como una despedida. También SEE YA y LATER son totalmente informales. NOS VEMOS EN LA SIGUIENTE PAGINA.

MEJORA TU VOCABULARIO

FROM *(fróm)* – De, desde
IN *(in)* – En, dentro
IN THE (in dé) – En la, en el
IF *(íf)* – Si
FOR *(fóor)* – Por, para
FOR WHAT? – (fóor uát) – Para que
MY *(mái)* – Mi, Mis
HERE *(jíar)* - Aquí
AT THE *(at dé)* – En la, en el
ON THE *(on dé)* – Sobre la, en la
AND *(ánd)* - Y
THE *(dé)* - El, la, los, las, lo
TO THE *(of dé)* - A la, al, a los, a las, de lo
OF THE *(of dé)* - de la, del, de los, de las, de lo

TAKE CARE *(téik ker)* - Cuidate
MR. *(mister)* – Señor
GREETINGS *(griirins)* – Saludos
MRS. *(mises)* – Señora
MISS *(mis)* – Señorita
AFTER (after) – Despues

CON ESTAS ORACIONES APRENDERAS A USAR *it* MEMORIZALAS

IT IS BEAUTIFUL *(it is biútiful)* – Es hemoso
IT IS VERY BAD *(it is very bád)* – Es muy malo
IT IS CLEAN *(it is clíin)* – Está limpio

IT IS CHEAP *(it is chíip)* – Es barato

IT IS EARLY *(it is éerly)* – Es temprano

IT WAS CLEAN *(it wos clíin)* – Estaba limpio

IT IS TRUE *(it is trúu)* – Es verdad

IT WAS BROKEN *(it wos bróuken)* – Estaba roto

IT IS LATE *(it is léit)* – Es tarde

IT IS VERY LATE *(it is very léit)* – Es muy tarde

IT IS FALSE *(it is fóls)* – Es falso

IT IS IMPORTANT *(it is impórtant)* – Es importante

IT IS PRIVATE *(it is práivet)* – Es privado

IT IS A NICE DAY (it is a nais déi) – Es un lindo día

IT IS VERY COLD (it is very could)
– Esta muy Frio
IT IS RAINING (it is reining) – Esta lloviendo
IT IS IMPOSSIBLE (it is impósibel)
– Es imposible

Estas frases debes repetirlas en voz alta todas las veces que sea posible hasta memorizarlas por completo.

VAMOS A APRENDER A USAR EL PASADO SIMPLE DEL <u>VERBO TO BE</u> RECUERDA QUE APRENDIMOS SU PRESENTE ANTERIORMENTE; PERO ANTES NECESITO QUE TE ESFUERCES UN POCO Y

TRADUZCAS LAS SIGUIENTES ORACIONES.

I **was** a student –

_____

She **was** in the car –

_____

We **were** lucky –

_____

He **was** a musician –

_____

You **were** happy-

_____

It **was** a hot day-

_____

They **were** ours -

_____

You **were** from Madrid-

_____

I *was* not a student-

_____

I *was* born in U.K-

_____

I **was** here-

_____

___

Was she a student?"-

_____

Were they doctors?"-

_____

They **were** doctors".-

_____

She **was** a student". -

_____

I **wasn't** hungry". -

_____

I **was** home". -

_____

_

Where **were** you last night?"-

_____

He **was** my friend-

_____

I **wasn't** at school-

_____

PASADO SIMPLE DEL VERBO " TO BE"

El pasado simple del verbo TO BE (ser o estar) se forma cambiando las formas IM e IS por WAS _(wos)_ y la forma ARE por WERE. _(uér)_

Ahora veremos las formas afirmativa, negativa e interrogativa del verbo to be en pasado.

AFIRMATIVA:

I WAS – Yo era o estaba

YOU WERE – Tú eras o tú estabas

HE WAS – Él era o él estaba

SHE WAS – Ella era o ella estaba

IT WAS – Eso era o eso estaba

WE WERE – Nosotros éramos o nosotros estábamos

YOU WERE – Ustedes eran o Ustedes estaban

THEY WERE – Ellos eran o ellos estaban.

NEGATIVA:

I WAS NOT – Yo no era o yo no estaba

YOU WERE NOT – Tú no eras o tú no estabas

HE WAS NOT – Él no era o él no estaba

SHE WAS NOT – Ella no era o ella no estaba

IT WAS NOT – Eso no era o eso no estaba

WE WERE NOT – Nosotros no éramos o nosotros no estábamos

YOU WERE NOT – Ustedes no eran o ustedes no estaban

THEY WERE NOT – Ellos no eran o ellos no estaban

<u>INTEROGATIVA:</u>

WAS I? - ¿era yo? O ¿estaba yo?

WERE YOU? – ¿eras tú? O ¿estabas tú?

WAS HE? – ¿era él? O estaba él?

WAS SHE? – ¿era ella? O estaba ella?

WAS IT? – ¿era eso? O estaba eso?

WERE WE? – ¿éramos nosotros o estábamos nosotros?

WERE YOU? – ¿éramos nosotros o estábamos nosotros?

WERE THEY? – ¿eran ellos o estaban ellos?

Las formas abreviadas o en contracciones son así:

WAS NOT---- WASN´T (uosént)
WERE NOT—WEREN´T (uérent)

Las formas abreviadas por lo regular son las más usadas.

Esto es inglés fluido por lo tanto nos enfocamos en enriquecer tu vocabulario lo cual es clave para que cuando termines nuestro método puedas hablar inglés perfectamente Ahora veras nuestro <u>diccionario de palabra</u> <u>más importantes en inglés.</u> Desde la A hasta la Z. No es un diccionario común debido a que tiene la pronunciación escrita sin esos incomodos símbolos fonéticos. También contiene una recopilación de las palabras más importantes y más usadas en el idioma inglés con su significado en español por lo tanto será de gran importancia para ti. Para un aprendizaje exitoso te recomiendo que repitas cada palabra en voz alta tantas veces sea posible y te aseguro que obtendrás un excelente resultado.

A

ANGRY *(ángri)* – Enojado

AND *(ánd)* – y

AMUSEMENT *(amiúuzment)* – Entretenimiento

AGAIN *(aguéin)* – De Nuevo

ALMOST *(óolmoust)* – Casi

AFTER *(áafter)* – Después de, detrás de

AN *(án)* – Un, una

ACROSS *(acrós)* -a través de

AIR *(éar)* – Aire

AMOUNT *(amáunt)* – Cantidad

ABOUT *(abáut)* – Acerca de, alrededor

AGREEMENT *(agriiment)* – Contrato, acuerdo

AGAINT *(aguéint)* – En contra de

ALL *(óol)* - Todo

AIRPLANE *(érplein)* - Avión

ADVERTISEMENT *(advéertaisment)* – Anuncio, publicidad

AWAY *(auéi)* – Lejos

ANOTHER *(anóder)* – Otro, Otra

ANSWER *(ansuer)* – Respuesta

APPLE *(ápel)* – Manzana

AS *(ás)* – Como; tan

ARMY *(áarmy)* – Ejército

AWAKE *(auéik)* – Despierto, despertar

AT *(at)* – En, a

ANY *(éni)* – Alguno; alguna; cualquiera

APRIL *(éipril)* – Abril

ANT *(ánt)* – Hormiga

ATTENTION *(aténchon)* –
Atención
ART *(áart)* – Arte
ARCH *(aarch)* – Arco

B

BODY *(bódi)* – Cuerpo
BALL *(bóol)* – Pelota
BITE *(bait)* – Mordisco
BACK *(bak)* – Espalda, parte
posterior
BAG *(bag)* – Bolsa
BEAUTIFUL *(biúriful)* – Hermoso
BAD *(bad)* – Malo, mal
BELIEF *(bilíif)* – Creencia
BAND *(band)* – Venda, banda
BASE *(beís)* – Base
BEST *(best)* – Lo major

BATH *(baz)* – Baño

BE *(bíi)* – Ser o Estar

BED *(béd)* – Cama

BEE *(bíi)* – Abeja

BASKET *(báasket)* – Canasto

BEFORE *(bifóor)* – Antes

BELL *(bél)* – Campana

BENT *(bent)* – Doblar, encorvado

BERRY *(béri)* – Mora, frambuesa

BETTER *(bérer)* – Mejor

BETWEEN *(bituín)* – Entre

BIRD *(béerd)* – Pájaro, ave

BIRTH *(béerz)* – Nacimiento

BIT *(bít)* – Pedazo

BITE *(bait)* – Mordisco

BLACK *(blák)* – Negro

BITTER *(bírer)* – Amargo

BOAT *(bout)* – Bote

BLOOD *(blood)* – Sangre

BLUE *(blúu)* – Azul
BLOW *(blóu)* - Golpe
BOOK *(búk)* – Libro
BOX *(bóks)* – Caja
BOY *(bói)* – Niño
BREAD *(bréd)* – Pan
BROTHER *(broder)* – Hermano
BUT *(bát)* – Pero
BY *(bái)* – Por, cerca de, al lado de
BRAKE *(breik)* – Freno, palanca
BONE *(bóun)* – Hueso
BRICK *(brik)* - Ladrillo
BRIGHT *(brait)* – Brillante
BRAIN *(bréin)* – Cerebro

C

CAKE *(quéik)* – Torta

CHANCE *(cháans)* – Oportunidad, posibilidad

COLLAR *(cólar)* – Cuello de camisa

COLD *(cóuld)* – Frio

CARE *(quéar)* – Cuidado, cuidar

CARD *(cáard)* – Tarjeta

CAR *(cár)* – Carro

CLEAN *(clíin)* – Limpio

CHANGE *(cheinch)* – Cambiar, cambio

CAT *(cát)* – Gato

CERTAIN *(séertein)* – Seguro, cierto

CAUSE *(cóoz)* – Causa

CHIEF *(chif)* – Jefe

CHURCH *(church)* – Iglesia

COAT *(cóut)* – Abrigo

CHEAP *(chip)* – Barato

COAL *(cóul)* – Carbón
CLOCK *(clók)* – Reloj de pared
CHEST *(chest)* – Pecho
CHIN *(chíin)* – Menton
COME *(cóm)* – Venir
CURVE *(kúrf)* – Curva

CURTAIN *(cótein)* – Cortina
CUP *(cáp)* – Taza
CRY *(crái)* – Llorar
CRUSH *(crosh)* – Aplastar
CRIME *(cráim)* – Crimen
COOK *(cuk)* – Cocinar
CRASH *(crash)* – Chocar
COUNTRY *(country)* – País
COPY *(cópi)* – Copiar
COVER *(cóver)* – Tapa
COW *(cáu)* – Vaca
COTTON *(cóton)* – Algodón

CORK *(cork)* – Corcho
COPPER *(cóper)* – Cobre
COUGH *(cóf)* – Toser
CUT *(cót)* – CORTAR
CONNECTION *(conékchon)* – Conexión
COMPANY *(company)* – Compañia
COMPLETE *(complíit)* – Completo
CONTROL *(contróul)* – Control
CONSCIOUS *(cónchos)* – CONSCIENTE

D

DISEASE (dizíis) – Enfermedad
DISCOVERY (discóveri) – Descubrimiento
DIRTY (déeri) – Sucio

DIRECTION (dairékchon) – Dirección

DIGITAL (díiyital) – Digital

DIGESTION *(daiyéschon)* – Digestión

DIFFERENT *(díferent)* – Diferente

DEVELOPMENT *(devélopment)* – Desarrollo

DETAIL *(ditéil)* - Detallar

DESIRE *(dizáier)* – Deseo

DESIGN *(dizáin)* – Diseño

DEPENDENT *(dipéndent)* – Dependiente

DEGREE *(digríi)* – GRADO

DEEP *(díip)* – Profundo

DECISION *(désichon)* – Decisión

DECEMBER *(disémber)* – Diciembre

DEBT *(dét)* – Deuda

DEATH *(déz)* – Muerte

DEAR *(díar)* – Querido

DEAD *(déd)* Muerto

DAY *(déi)* – Día

DAUGHTER *(dóorer)* – Hija

DATA *(deira)* – Base de datos

DAMAGE *(damedch)* – Daño

DARK *(dárk)* – Oscuro

DANGER *(déinyer)* – Peligroso

DRINK *(drink)* – Bebida

DOOR *(door)* – Puerta

DUST *(dast)* – Polvo

DRY *(drái)* – Seco

DRIVER *(dráiver)* - Chofer

DRESS *(drés)* – Vestido

DRAIN *(dréin)* – Drenar

DOWN *(dáun)* - Abajo

DOUBT *(dáut)* – Duda

DOG *(dóg)* – Perro

DO *(dúu)* - Hacer
DISTANCE *(distant)* – Distancia
E

EQUAL *(íicual)* – Igual
EYE *(ái)* – Ojo
EGG *(ég)* – Huevo
EDGE *(edch)* – Borde
EAR *(íar)* – Oreja
ENGINE *(ényin)* – Motor
END *(énd)* – Fin
EARLY *(éerly)* – Temprano
EARTH *(éerz)* – Tierra
EAST *(íist)* – Este
ENOUGH *(inóf)* – Suficiente
EDUCATION *(ediuquéichon)* -
Educación
EVENT *(ivént)* – Acontecimiento
EVER *(éver)* - Siempre

EXPERT *(ékspeert)* – Experto
EXCHANGE *(ekscheinch)* – Intercambio
EVERY *(ébri)* – Cada uno

F

FARM *(fárm)* – Hacienda
FACE *(féis)* – Cara
FEMALE *(fiimeil)* – Femenino
FALL *(fool)* – Caer
FEELING *(fíilings)* – Sentimientos
FALSE *(fóls)* – Falso
FEBRUARY *(fébiueri)* – Febrero
FAMILY *(fámily)* – Familia
FEATHER *(féder)* – Plumas

FAR *(fáar)* – Lejos
FEAR *(fíar)* – Miedo
FARE *(féer)* – Tarifa
FAREWELL *(féerWel)* - Adiós
FATHER *(fáder)* – Padre
FUTURE *(fiúuchur)* – Futuro
FRUIT *(frúut)* – Fruta
FROM *(fróm)* – de; desde
FRIEND *(frénd)* – Amigo
FIRST (féerst) – Primero
FRIDAY (fráidei) – Viernes
FREE (frií) – Libre
FRAME (fréim) – Marco de cuadro
FISH (fich) – Pescado
FIXED *(fikst)* – Fijo
FORWARD *(fóouard)* – Adelante
FORMER *(former)* – Anterior
FORM *(form)* – Forma
FORK *(fóork)* – Tenedor

FOR *(fóor)* – Por; para
FOOT *(fút)* – Pie
FOOLISH *(fuulish)* – Tonto
FOOD *(fúud)* – Alimento
FOLDER *(fóulder)* – Carpeta
FLY *(flái)* – VOLAR
FLOWER *(fláuer)* – Flor
FLOOR *(flóor)* – Piso
FLIGHT *(fláit)* – VUELO
FLAME *(fléim)* – Llama

G

GUN *(gán)* – Arma
GUIDE *(gáid)* – Guía
GROUP *(grúup)* – Grupo
GRIP *(grip)* – Apreton
GREY *(gréi)* – Gris
GREEN *(gríin)* – Verde
GREAT *(gréit)* – Gran
GRASS *(gráas)* – Césped
GRAIN *(gréin)* – Grano
GOOD *(gúd)* - Bueno
GOLD *(goúld)* – Oro
GOAT *(góut)* – Cabra
GO *(góu)* – Ir
GLOVE *(glóuf)* – Guante
GLASS *(gláas)* – Vaso
GIVER *(guíver* – Dador
GIRL *(guéer)* – Niña
GARDEN *(gárden)* – Jardín
GENERAL *(yéneral)* – General

GET *(guét)* – Conseguir

H

HARD *(jáard)* – Duro

HUMOR *(jiúumor)* – Humor

HOUSE *(jáus)* – Casa

HOUR *(áuer)* – Hora

HOSPITAL *(jóspiral)* – Hospital

HORSE *(jóors)* – Caballo

HORN *(jóorn)* - Cuerno

HOPE *(jóup)* – Esperanza

HOOK *(júk)* – Gancho

HOLLOW *(jálou)* – Hueco

HOLE *(jóul)* – Hoyo

HISTORY *(jístori)* – Historia

HIS *(jís)* – El

HIMSELF *(jimsélf)* – Él mismo

HIGH *(jái)* – Alto

HERSELF *(jeersélf)* – Ella misma

HERS *(jéers)* – Suyo (de ella)

HERE *(jíar)* – Aquí

HER *(jéer)* – Su (de ella)

HOW *(jáu)* – Cómo

HELP *(jélp)* – Ayuda

HEART *(jáart)* – Corazón

HEARING *(jering)* – Audiencia

HEALTHY *(jélzy)* – Saludable

HEAD *(jéd)* – Cabeza

HE *(JÍ)* – Él

HAVE *(jáf)* – Tener

HATE *(jéit)* – Odio

HAT *(ját)* – Sombrero

HAND *(jand)* - Mano

HAPPY *(jápi)* – Feliz

HAMMER *(jámer)* – Martillo

I

ITSELF *(itsélf)* – El mismo
ITS *(íts)* – Su, (de, él); de ella; de ello) NEUTRO
ISLAND *(áiland)* – Isla
IRON *(áiron)* – Hierro
INVENTION *(invénchon)* – Invención
INVENT *(invént)* – Inventar
INTEREST *(ínterest)* – Interés
INSURANCE *(inchúrans)* – Seguro

INSTRUMENT *(ínstrument)* –
Instrumento
INSECT *(ínsect)* – Insecto
INPUT *(ínput)* – Entrada
INK *(ínk)* – Tínta
INDUSTRY *(índastri)* – Industria
INCREASE *(incríis)* – Aumento
IN *(in)* – En O dentro
ILL *(íl)* – Enfermo
I *(ái)* – Yo
ICE *(áis)* – Hielo
IDEA *(aidía)* – Idea
IF *(if)* – Si

J

JUNE *(yuun)* – Junio
JULY *(yulái)* – Julio
JOURNEY *(yórni)* – Viaje
JANUARY *(yániuari)* – Enero
JACKET *(jáket)* – Chaqueta
JAIL *(yéil)* – Cárcel
JAM *(jám)* – Jamón
JAR *(yár)* – Frasco
JEALOUS – *(yélos)* - Celoso
JELLY *(yéli)* – Gelatina
JET *(yet)* – Avioneta
JOB *(yób)* – Empleo
JOIN *(yóin)* – Unirse a
JOKE *(yoúk)* – Broma
JOY *(yoi)* – Alegría
JUICE *(yúus)* – Jugo
JUMP *(jómp)* – Saltar
JUSTICE *(yóstis)* – Justicia

JUST *(yost)* – Justo
JUDGE *(yodch)* – Juez
JOURNAL *(yornal)* - Periódico

K

KEEP *(kiip)* – Mantener
KNOW *(nóu)* – Saber
KNOT *(nót)* – Nudo
KNIFE *(náif)* – Cuchillo
KNEE *(níi)* – Rodilla
KITCHEN *(kitchen)* – Cocina
KISS *(kís)* – Beso
KIND *(káind)* – Bondadoso
KILL *(kíl)* – Matar
KEY *(kíi)* – Llave o clave

KEEP *(kiip)* – Mantener
KID *(kid)* – Niño
KINDNESS *(káindnes)* –
Amabilidad
KICK *(kik)* – Patear
KINGDOM *(kingdom)* – Reino

L

LEARN *(lérn)* – Aprender
LAND *(lánd)* – Terreno
LEARNING *(lérning)* –
Aprendiendo
LANGUAGE *(lángüidch)* –
Lenguaje
LAST *(last)* – Ultimo

LATE *(leit)* – Tarde
LAUGH *(laf)* – Risa
LEAF *(liif)* – Hoja
LAW *(loo)* – Ley
LOW *(lóu)* – Bajo
LOVE *(lóf)* – Amor
LOUD *(láud)* – Ruidoso
LOST *(lóst)* – Perdido
LEATHER *(léder)* – Cuero
LET *(lét)* – Dejar
LONG *(lóng)* – Largo
LOOK *(lúk)* – Mirada
LOOSE *(lúus)* – Suelto
LOSS *(lós)* - Perdida
LOUD *(láud)* – Ruidoso
LOST *(lóst)* – Perdido
LEG *(leg)* – Pierna
LEFT *(left)* – Izquierda
LEATHER *(léder)* – Cuero

M

MAKE *(méik)* – Hacer
MONEY *(mónky)* – Mono
MONDAY *(móndei)* – Lunes
MIST *(mist)* – Niebla
MINE *(main)* – Mío
MILK *(milk)* – Leche
MEAT *(míit)* – Carne
MEETING *(míring)* – Reunion
MEMORY *(mémori)* – Memoria
MIND *(máind)* – Mente
MEAL *(míil)* – Comida
ME *(míi)* – Me; mi
MAY *(méi)* – Mayo
MASS *(más)* – Misa
MARRIED *(márid)* – Casado
MARKET *(máarket)* – Mercado

MARK *(máark)* – Marca
MAP *(máp)* – Mapa
MAN *(mán)* – Hombre
MANAGER *(mánayer)* – Gerente
MYSELF *(maisélf)* – Yo mismo
MY *(mái)* – Mi; mis
MONTH *(mónz)* – Mes
MOON *(múun)* – Luna
MORE *(móor)* – Mas
MORNING *(móorning)* – Mañana
MOST (móust) – El mas
MOTHER *(móder)* – Madre
MUSIC *(miúsic)* – Música
MOUNTAIN *(máunten)* –
Montaña
MOVE *(muf)* – Movimiento
MUCH *(mách)* – Mucho
MUSCLE *(máscel)* – Musculo
MACHINE *(machíin)* – Máquina

MAIN *(méin)* – Principal

N

NORTH *(norz)* – Norte
NEED *(níid)* – Necesitar
NET *(nét)* – Red
NECK *(nék)* – Cuello
NAME *(néim)* – Nombre
NARROW *(nárou)* – Estrecho
NEWS *(niúus)* –Noticia
NIGHT *(náit)* – Noche
NOISE *(nóis)* – Ruido
NATION *(néichon)* – Nación

NEAR *(níar)* – Cerca
NUT *(nát)* – Nuez
NURSE *(núrs)* – Enfermera
NEW *(niúu)* – Nuevo
NOW *(náo)* – Ahora
NOVEL *(nóvel)* – Novela
NOVEMBER *(novémber)* -
Noviembre
NOTE *(nóut)* – Nota
NOSE *(nóus)* – Nariz
NUMBER *(númber)* – Número

O

OBEY *(obéi)* – Obedecer
OCTOBER *(octóuber)* – Octubre
OBTAIN *(obtein)* – Obtener
OFF *(of)* – Fuera
OF *(óf)* – De
OFFER *(ófer)* – Oferta

OFFICE *(ófis)* – Oficina

OLD *(óuld)* – Viejo

ON *(ón)* – Sobre

ONLY *(óunly)* – Solo

OPEN *(óupen)* – Abierto

OPPOSITE *(óposit)* – Opuesto

ODD *(od)* – Extraño

OR *(óor)* – O

ORANGE *(óranch)* – Naranja

OTHER *(óder)* – Otro, otra, otros, otras

OWNER *(óuner)* – Dueño

OVER *(óuver)* – Encima, sobre

OUR *(áuer)* – Nuestro, nuestra, nuestros, nuestras

OURSELVES *(áuersélfs)* – Nosotros mismos

P

PAIN *(péin)* – Dolor
PLAY *(pléi)* – Juego
PAPER *(péiper)* – Papel
PLATE *(pléit)* – Plato
PLANE *(pléin)* – Avión
PLAN *(pláan)* – Planear
PLACE *(pléis)* – Lugar
PIPE *(páip)* – Pipa
PIN *(pín)* – Alfiler
PAGE *(peitch)* – Página
PAINT *(peint)* – Pintura
PART *(páart)* – Parte
PASTE *(peist)* – Pegar
PAY *(péi)* – Pagar
PAYMENT *(péiment)* – Pago
PEACE *(píis)* – Paz
PEN *(pén)* – Bolígrafo

PICTURE *(píkchur)* – Foto
PAST *(páast)* – Pasado
PLANT *(pláant)* – Planta

PUT *(pút)* – Poner
PUSH *(púsh)* – Empujón
PULL *(púl)* – Jalar
PUBLIC *(públik)* – Público
PROSE *(próus)* – Prosa
PLEASURE *(pléchur)* – Placer
POINT *(póint)* – Punto
POLISH *(pólish)* – Lustre
POOR *(púur)* – Pobre
POT *(pót)* – Olla
PROFIT *(prófit)* – Ganancia
PUSH *(púsh)* – Empujar
PRIVATE *(práivet)* – Privado
PRINT *(prínt)* – Imprimir
PRICE *(práis)* – Precio

POWER *(páuer)* – Poder
POTATO *(potéirou)* – Papa
POISON *(póison)* – Veneno
POLITICIAN *(politíchan)* – Político
POSSIBLE *(pósibel)* – Posible
POLITICAL *(polítical)* – Político
PORTER *(póorer)* – Portero
PRESENT *(présent)* – Presente
PRISON *(príson)* – Prisión
POCKET *(póquet)* – Bolsillo
POINT *(póint)* - Apuntar

Q

QUITE *(cuáit)* – Bastante

QUALIFY *(cuálifai)* – Estar capacitado

QUALITY *(cuáliri)* – Calidad

QUICK *(cuík)* – Rápido

QUESTION *(cuéchon)* – Pregunta

QUANTITY *(cuántiti)* – Cantidad

QUEEN *(quíin)* – Reina

QUICKLY *(cuíkli)* – Rápidamente

QUIET *(cuáiet)* – Silencioso

QUIT *(cuít)* – Renunciar

QUOTE *(cuóut)* – Citar

R

RAT *(rát)* – Ratón

RED *(réd)* – Rojo

RATE *(réit)* –Tasa

RAIN *(réin)* – Lluvia
READY *(rédi)* – List
REASON *(ríison)* – Razón
REGRET *(rigrét)* – Remordimiento
RELIGION *(rilíyon)* – Religión
RENT *(rent)* – Renta
READER *(ríider)* – Lector
RAY *(réi)* – Rayo
RAIL *(réil)* – Riel
RECORD *(récoord)* - Registro
REQUEST *(ricuést)* – Solicitud
REPORT *(ríport)* – Informe
RICE *(ráis)* – Arroz
RIGHT *(ráit)* – Correcto
RING *(ring)* – Anillo
ROOM *(rúm)* – Habitación
RUN *(rán)* – Correr
RULE *(rúul)* – Regla
RUB *(ráb)* – Frota

ROUND *(raund)* – Redondo
ROOT *(rúut)* – Raíz
ROOF *(rúuf)* – Techo
RIVER *(river)* – Rio
REST *(rést)* – Descansar
RESPECT *(respéct)* – Respecto
REWARD *(riuáard)* – Premio
ROUGH *(róf)* – Áspero
ROD *(ród)* – Caña de pescar
RACE *(réis)* – Carrera
REACH *(ríich)* – Alcanzar
REALIZE *(rialáis)* – Darse cuenta
REDUCE *(rídus)* – Reducir
RELATIONSHIP *(ríleichonchip)* –
Relación
REMEMBER *(remémber)* –
Recordar
REMOVE *(rímuf)* – Remover
REPLY *(riplaí)* – Responder

RESCUE *(reskiú)* – Rescatar

S

SILVER *(silver)* – Plata
SEA *(síi)* – Mar
SEAT *(síit)* – Asiento
SEED *(síid)* – Semilla
SEEM *(síim)* – Parecer
SAD *(sád)* – Triste
SAFE *(séif)* – Seguro
SAIL *(séil)* – Vela
SAME *(séim)* – Mismo, Igual
SATURDAY *(sáturdei)* – Sábado
SAND *(sánd)* – Arena

SALT *(sólt)* – Sal

SAY *(séi)* – Decir

SCREW *(scrúu)* – Tornillo

SCIENCE *(sáians)* – Ciencia

SCHOOL *(scúul)* – Escuela

SIGN *(sain)* – Señal

SIDE *(sáid)* – Lado

SHOE *(chúu)* – Zapato

SHUT *(shát)* – Cerrado

SECOND *(sécond)* – Segundo

SEE *(síi)* – Ver

SEND *(sénd)* – Enviar

SENSE *(séns)* – Sentido

SILK *(sílk)* – seda

SEPTEMBER *(séptember)* – Septiembre

SEX *(séks)* – Sexo

SHE *(chíi)* – Ella

SHARP *(sharp)* – Afilado

SHADE *(chéid)* – Sombra
SHAME *(chéim)* – Verguenza
SHAKE *(chéik)* – Sacurdi; batir
SHEEP *(chíip)* – Oveja
SHELF *(chélf)* – Repisa
SECRET *(síicret)* – Secreto
SHOCK *(chók)* – Golpe
SKY *(scái)* – Cielo
SLEEP *(slíip)* – Dormir
SMALL *(smóol)* – Pequeño
SPACE *(spies)* – Espacio
SQUARE *(scuér)* – Cuadrado
STAR *(stáart)* – Comienzo
STATION *(stéichon)* – Estación
STEP *(stéP)* – Paso
STORE *(stóor)* - Tienda
SUN *(sán)* – Sol
SUNDAY *(sándei)* - Domingo
STRONG *(stróng)* – Fuerte

STONE *(stóun)* – Piedra
SUCH *(such)* – Semejante
T

TROUBLE *(tróbel)* –Dificultad
TRICK *(trik)* – Trampa
TREE *(tríi)* – Árbol
TOWN *(táun)* – Ciudad
TRADE *(tréid)* – Comercio
TABLE *(téibel)* – Mesa
THAT *(dát)* – Eso
THAN *(dán)* – Que (para comparar)
TEST *(tést)* – Prueba
TELL *(tél)* – Decir, contar
TEACHER *(tíicher)* – Profesor
TAKE *(téik)* – Tomar
TALK *(tóok)* – Charlar, Hablar
TALL *(tóol)* – Alto

TIME *(táim)* –Tiempo
TO *(túu)* – a, por, al, para
TIRED *(táierd)* – Cansado
TRAY *(tréi)* – Bandeja
TOE *(tóu)* – Dedo (de los pies)
TOGETHER *(tuguéder)* – Juntos
TOMORROW *(tumórou)* –
Mañana
TONGE *(tóng)* – Lengua
TOOTH *(túuz)* – Diente
TOP *(tóp)* – Cima
TOY *(tói)* – Juguete
TASTE *(téist)* – Sabor
TEACHER *(tíicher)* – Profesor
TAX *(taks)* – Impuestos
THE *(díi)* o (dé) – El, la, los, las
THERE *(dér)* – ahí, allá; allí
THESE *(díis)* – Estos, Estas
THEY *(déi)* – Ellos, Ellas

THEIR *(déier)* – Su, Suyo,
THEIRS *(déiers)* – El suyo, la suya,
los suyos, los suyos
TOUCH *(tóch)* – Tacto
TRUE *(trúu)* – Verdadero
TIGHT *(táit)* – Apretado
THREAD *(zréed)* – Hilo
THROUGH *(zrúu)* – A traves de
THUNDER *(zúnder)* – Truenoo
THURSDAY *(zúrsdei)* – Jueves
TYPE *(táip)* – Tipo
TURN *(túrn)* – Vuelta
TWIST *(tuíst)* – Torcer
TELEVISION *(televichon)* –
    Televisión
THING *(zing)* – Cosa
THIN *(zín)* – Delgado
THEORY *(zíory)* – Teoría
THOUGHT *(zóot)* – Pensamiento

THOSE *(dóus)* – Esos, esas; aquellos, aquellas
THOUGH *(dóu)* - Aunque

U

USE *(iúus)* – Usar
US *(ás)* – Nos (a nosotros, a nosotras)
UNIT *(iúunit)* – Unidad
UNIQUE *(iúnik)* – Único
UNDER *(ánder)* – Debajo
UP *(áp)* – Arriva
UNIVERSE *(iúnivers)* – Universo
UNDERWEAR *(anderuear)* – Ropa interior
UNKIND *(ánkaind)* – Poco amable

UNHAPPY *(anjapi)* – Infeliz

UNFRIENDLY *(anfrenly)* – Poco amable

UNFAIR *(ánfer)* – Injusto

UNDO *(ándu)* – Deshacer

UNDERSTAND *(anderstand)* – Entender

UNDERGROUND *(andergroúnd)* – Metro

UNCLE *(ónkel)* – Tío

UGLY *(ógli)* – Feo

UMBRELLA *(ómbrela)* – Sombrilla

UNABLE *(aneibél)* - Incapaz

<u>V</u>

VOTE *(vóut)* – voto
VOICE *(vóis)* – Voz
VIOLENT *(váiolet)* – Violento
VIEW *(viúu)* – Vista
VERY *(véri)* – Muy
VACATION *(vaqueichon)* –
Vacación
VALUE *(váliu)* – Valor
VERSE *(véers)* – Verso
VICE *(váis)* – Vicio
VARIETY *(varairi)* - Variedad

W

WALK *(wóok)* - Caminar
WAX *(wáks)* – Cera

WET *(wét)* – Mojado

WEST *(wést)* – Oeste

WELL *(wél)* – Bien

WEEK *(wiik)* – Semana

WATER *(uóorer)* – Agua

WEATHER *(uéder)* – Tiempo

WALL *(wóoL)* – Pared

WASTE *(wéist)* – Desperdicio

WATCH *(wátch)* – Reloj de mano

WAY *(wéi)* – Camino

WE *(wíi)* – Nosotros

WEDDING *(wéding)* – Boda

WHAT *(wát)* – Qué; Cuál

WHEN *(uén)* – Cuando

WHERE *(uér)* – Donde

WHICH *(juích)* – El cual

WHILE *(uáil)* – Mientras

WHITE *(uáit)* – Blanco

WHO *(júu)* – Quien

WHOSE *(júus)* – De quien
WEATHER *(uéder)* – Tiempo atmosferico
WAITER *(uéirer)* – Camaro (a)
WASH *(wáash)* – Lavado
WAVE *(wéif)* – Ola
WEDNESDAY *(uénsdei)* – Miercoles
WAR *(uóor)* – Guerra
WHY *(uái)* – Porque?
WILL *(will)* – auxiliary para formar el future
WORD *(uord)* – Palabra
WISE *(uáis)* – Sabio
WINE *(uáin)* – Vino
WINTER *(uínter)* – Invierno
WING *(uíng)* – Ala
WIND *(uínd)* – Viento
WITH *(uíz)* – Con

WITHOUT *(uiz áut)* – Sin
WOMAN *(uúman)* – Mujer
WOOD *(uúd)* – Madera
WRITE *(ráit)* – Escribir
WORSE *(uóors)* – Peor
WORK *(uórk)* – Trabajo
WOOL *(Juúl)* – Lana
WITNESS *(uítnes)* – Testigo
WOUND *(uúnd)* – Herida
WORM *(uóorm)* – Gusano

Y

YES *(iés) (yés)* – Sí
YESTERDAY *(yésterdei)* – Ayer
YOUNG *(yáung)* – Joven

YOUR *(iúr)* – Su (de usted o ustedes)
YOU *(iú)* – Tú o usted, ustedes
YELLOW *(iélou)* – Amarillo

Z

ZERO *(ziro)* – Cero
ZIP *(zíp)* – Abrochar
ZIPPER *(zíper)* – Cierre

LOS NUMEROS EN INGLES
THE NUMBERS
(dé númbers)

Contar en inglés es fácil ya que al igual que en castellano, unos números se derivan de otros. El truco está en aprenderse los números del 1 al 31 y luego notaras que los demás números se derivan de ellos.

1. **ONE** *(uán)*
2. **TWO** *(túu)*
3. **THREE** *(zríi)*
4. **FOUR** *(fóor)*
5. **FIVE** *(fáif)*
6. **SIX** *(síks)*
7. **SEVEN** *(séven)*
8. **EIGHT** *(éit)*
9. **NINE** *(náin)*
10. **TEN** *(tén)*
11. **ELEVEN** *(iléven)*
12. **TWELVE** *(tuélf)*
13. **THIRTEEN** *(zéertíin)*
14. **FOURTEEN** *(fóortin)*

15. **FIFTEEN** *(fíftin)*
16. **SIXTEEN** *(síkstíin)*
17. **SEVENTEEN** *(séventíin)*
18. **EIGHTEEN (éitiin)**
19. **NINETEEN** *(náintíin)*
20. **TWENTY** *(tuénti)*
21. **TWENTY ONE** *(tuénti-uán)*
30. **THIRTY** *(zérty)*
31. **THIRTY ONE**
40. **FORTY** *(fórty)*
50. **FIFTY** *(fifti)*
60. **SIXTY** *(síksti)*
70. **SEVENRY** *(séventi)*
80. **EIGHTY** *(éiti)*
90. **NINETY** *(náinti)*
100. **ONE HUNDRED** *(uán jondred)*

PARA FORMAR LOS NÚMEROS DESPUÉS DEL 100 SOLO ES CUESTIÓN DE COMBINAR

101 – ONE HUNDRED (AND) ONE

110 – ONE HUNDRED (AND) TEN

125 – ONE HUNDRED (AND) TWENTY-FIVE

163 – ONE HUNDRED (AND) SIXTY – THREE

200 – TWO HUNDRED

300 – THREE HUNDRED

400 – FOUR HUNDRED

650 – SIX HUNDRED (AND) FIFTY

782 – SEVEN HUNDRED (AND) EIGHTY-TWO

Y ASI LLEGAMOS AL 1000 = *(uán zausand)*

IMPORTANTE: en inglés el punto y la cosa se utilizan a la inversa que en español.

ESPAÑOL = 1.000 / INGLES= 1,000
ESPAÑOL = 2,50 / INGLES = 2.50

1,000 – ONE THOUSAND
2,000 – TWO THOUSAND
3,510 – THREE THOUSAND, FIVE HUNDRED AND TEN
1,000,000 – ONE MILLION *(uán milion)*

4,650,000 – FOUR MILLIONS, SIX HUNDRED FIFTY THOUSAND

COMO HEMOS MOSTRADO LA PRONUNCIACIÓN SE REPITE TODO EL TIEMPO SOLO ES CUESTIÓN DE COMBINAR Y REPETIR EN VOZ ALTA.

PALABRAS COMPUESTAS EN INGLES: las palabras compuestas en inglés se forman cuando unes dos palabras para crear una sola con un significado propio y diferente, por ejemplo; WATER significa AGUA y MELON significa melón pero WATERMELON significa Sandia. En castellano también vemos estos casos por ejemplo en castellano tenemos salvavidas.   Salva+ vida.

ACONTINUACION TE PRESENTO LOS SIGUIENTOS EJEMPLOS DE ESTAS FAMOSAS PALABRAS COMPUESTAS RECUERDA REPETIR EN VOZ ALTA.

FOOT *(fút)* – Pie
PRINT *(print)* – Impreso
FOOTFRINT *(fútprint)* – Hello
BOOK (búk) – Libro
SCHOOL (scúul) – Escuela
SCHOOLBOOK (scúulbúk) – Libro de escuela
MILK (mílk) – Leche
MAN (mán) – Hombre
MARK (márk) – Marca

TRADE (tréid) – Comercio o negocioo

TRADEMARK (tréidmárk) – Marca de fábrica

EVERY (ébri) – Cada

DAY (déi) – Día

EVERYDAY (ébridéi) – Cada día

FIRE (fáier) – Fuego

MAN (mán) – Hombre

FIREMAN (fáierman) – Bombero

OUT (áut) – Fuera

WAY (uéi) – Camino

WAYOUT (uéiaut) – Salida

LETTER (lérer) – Carta

BOX (bóks) – Caja

LETTERBOX (lérerrboks) – Buzón

FIXED (fíxsd) – Fijo

PRICE (práis) – Precio

FIXEDPRICE (fíkspráis) – Precio fijo

HORSE (jórs) – Caballo

HORSEMAN (jórsman) – Jinete

SUN (sán) – Sol

LIGHT *(láit)* – Luz

SUNLIGHT *(sánláit)* – Luz del sol

FOOT *(fút)* – Pie

BALL *(ból)* – Pelota

CLASSROOM (clasrum) - salón de clases

CELLPHONE – *(celfon)* - teléfono celular o móvil

COPYRIGHT – *(copirait)* - con derechos de autor

COWBOY – *(cauboi)* - vaquero

BASEBALL – *(beísból)* - BÉISBOL

BASKETBALL – *(basketból)* - baloncesto

BABYSITTER – (*beibisirer)* - niñera

BEDROOM – (bedrúm) - dormitorio

BIRTHDAY – berzdéi) - cumpleaños

BOOKSHOP – (búkchop) - librería

BACKPACK – (bákpak) - mochila

DAYLIGHT – (deilait) - luz del día

DAYDREAM – (deidriim) - soñar despierto

DOWNTOWN – (daúntaun) - en el centro del pueblo

DOWNLOAD – (daunloud) - descargar

DOWNSTAIRS – (daunsters) - en la planta/ piso de abajo

EARTHQUAKE – (eerzkueik) - terremoto

EARPHONE (iarfon) – audífono

EGGSHELL – *(egchel)* - cáscara de huevo

FOREVER – *(forever)* - para siempre

FORGET – *(forguet)* - olvidar

FORGIVE – *(forguif)* - perdonar

FRIENDSHIP – *(frenchip)* - amistad

EL GERUNDIO EN INGLES

El gerundio en inglés es la terminación ING la cual equivale en español a ANDO O IENDO. Es muy usada y fácil de aprender es solo cuestión de práctica. Lo voy a explicar de una forma que lo vas a dominar en poco tiempo recuerda repetir en voz alta.

EJEMPLOS:

SAY *(sei)* – Decir
SAYING *(seing)* - Diciendo
WAIT *(ueit)* – Esperar
WAITING *(ueiring)* – Esperando
WATCH *(uatch)* – Observar
WATCHING *(uatching)* – Observando
END *(énd)* – Fin
ENDING *(ending)* – Terminando, finalizando
WORK *(uórk)* – Trabajo
WORKING *(uórking)* – Trabajando

Vamos ahora a aprender algunas reglas del gerundio ya sabemos que para formarlo solo debemos agregar ing al verbo y que equivale en castellano a ando y iendo.

Estos son algunos casos especiales en el gerundio. Para los verbos que terminan con la letra e, se cambia la última letra por el gerundio ING es decir eliminamos la e, y le agregamos ING. POR EJEMPLO:

DRIVE – *(draif)* – conducir

DRIV<u>ING</u> — (draiving) — Conduciendo

Si notas la palabra DRIVE termina con e por lo que para hacer el gerundio la eliminamos y agregamos ING. VEAMOS MAS EJEMPLOS PARA QUE PRACTIQUES.

WRITE *(ruait)* – Escribir
WRIT<u>ING</u> *(ruairing)* – Escribiendo
LIVE *(laif)* – Vivir
LIV<u>ING</u> *(living)* – Viviendo
COME *(com)* – Venir
COM<u>ING</u> *(coming)* – Viniendo
MOVE *(muf)* – Mover
MOV<u>ING</u> *(muving)* – Moviendo
CHANGE *(chéinch)* – Cambio

CHAN<u>ING</u> *(chéinying)* –
Cambiando
CLOSE *(clous)* – Cerrar
CLOS<u>ING</u> *(clousing)* – Cerrando
BECOME *(bicom)* – Convertirse
BECOM<u>ING</u> *(becoming)* –
Convirtiendose
BELIEVE *(bilif)* – Creer
BELIEV<u>ING</u> *(biliving)* – Creyendo

Para los verbos que tienen solo una vocal y terminan en consonante, es debe repetir o duplicar la última consonante, seguido despues de un ING. Veamos algunos ejemplos.

SWIM *(suim)* – Nadar

SWIMM<u>ING</u> *(suiming)* – Nadando
WIN *(uin)* – Ganar
WINN<u>ING</u> *(uining)* – Ganando
PLAN *(plan)* – Planear
PLANN<u>ING</u> *(planning)* – Planeando
SIT *(sit)* – Sentarse
SITT<u>ING</u> *(siring)* – Sentando
CUT *(cót)* – Cortar
CUTT<u>ING</u> *(coring)* – Cortando
DIG *(díg)* – Cavar
DIGG<u>ING</u> *(diguing)* – Cavando
SHOP *(shóp)* – Comprar
SHOPP<u>ING</u>   *(shopping)* –
Comprando
GET *(guét)* – Conseguir
GETT<u>ING</u> *(guéring)* - Consiguiendo

Los verbos que terminan en ie, son cambiados por Y seguido por

ING, mientras los verbos que terminan en cualquier vocal solo se añade ING. Veamos algunos ejemplos:

DIE *(dai)* – Morir
DYING *(daing)* – Muriendo
LIE *(lai)* – Mentir
LYING *(laing)* – Mintiendo
GO *(gou)* **–** Ir
GOING *(going)* – Yendo
SEE *(síi)* **–** Ver
SEEING *(síing)* - Viendo

NUEVO VOCABULARIO

THIS *(dís)* – Este, esta
THESE *(díis)* – Estos, estas
THAT *(dát)* – Aquel, aquella
THOSE *(dóus)* – Aquellos, aquellas
HOW MANY *(jáo meni)* – Cuantos?
THERE IS *(dér is)* – Hay, ahi esta
THERE ARE *(dér ar)* – Hay, ahi estan. (Plural)
ACROSS FROM *(acros from)* – Enfrente de
BETWEEN *(betuin)* – Entre, en medio de
NEXT TO *(next tu)* – Cerca de, al lado de
NEAR *(níar)* – Cerca
FAR FROM *(fár from)* – Lejos de
TURN LEFT *(turn left)* – Doblar a la izquierda

TURN RIGHT *(turn rait)* – Doblar a la derecha

GO STRAIGHT *(gou estreit)* – Ir derecho

ALWAYS *(olweis)* – Siempre

USUALLY *(iúchuali)* – Usualmente

SOMETIMES *(somtáims)* – Aveces

NEVER *(never)* – Nunca

BEFORE *(bifor)* – Antes

AFTER *(after)* – Despues

THEN *(dén)* – Luego, Entonces

IN THE MORNINIG *(in de morning*) – En la mañana

IN THE AFTERNOON *(in de afternúun)* – En la tarde

IN THE EVENING *(in de ifning)* – En la noche

NEXT WEEK *(nex wíik)* – La proxima semana

NEXT MONTH *(nex monz)* – El próximo mes

HOLIDAYS *(jolidéis)* – Dias festivos

MOTHER´S DAY *(moders déi)* – Dia de las madres

VALENTINE´S DAY *(valentains déi)* – Dia de san valentine

FATHER´S DAY *(faders déi)* – Día de los padres

THANKSGIVING *(tenks guiving)* – Acción de gracias

GIVE ME A BREAK *(guif mi a breik)* – Dame un respire

LEAVE ME ALONE *(lif mi alon)* – Dejame solo

GOOD IDEA *(guud aidía)* – Buena idea

RIGHT AWAY *(rait auei)* – Inmediatamente

AWESOME *(osom)* – Increible

NO WAY *(no uei)* – De ninguna manera

ON WEEKDAYS *(on wiikdeis)* – De lunes a viernes

FROM TIME TO TIME *(from taim tu taim)* – De vez en cuando.

YOU ARE KIDDING *(iu ar kidding)* – Estas bromeando

ALONG THE WAY *(along dé uei)* – Por el camino

FAR AND WIDE *(far and uaid)* – Por todas partes

BY BUS (bai bus) – En autobus

BY CAR *(bai car)* – En auto

BY TRAIN *(bait rein)* – En tren

LAST MONTH *(last monz)* – El mes pasado

LAST NIGHT *(last nait)* – Anoche

LAST WEEKEND *(last uikend)* – El pasado fin de semana

THE ABC

A – (ei)
B- (bi)
C- (ci)
D- (dii)
E- (ii)
F- (ef)
G- (yi)
H- (eitch)
I- (ai)
J- (yei)
K- (kei)
L- (el)
M- (em)

N- (en)
O- (ou)
P- (pii)
Q- (kiu)
R- (ar)
S- (es)
T- (ti)
U- (iu)
W- (dobli iu)
X- (ex)
Y- (uai)
Z- (zzii)

MEMORIZA LAS SIGUIENTES PALABRAS

THE SHORTEST *(dé chorest)* – El más pequeño

THE HAPPIEST *(dé japiest)* – El más feliz

THE RICHEST *(dé richest)* – El más rico

THE PRETTIEST *(dé preriest)* – La más bonita

THE MOST INTELLIGENT – El más inteligente

THE MOST WONDERFUL – El más maravillso

THE MOST BEAUTIFUL – La mas Hermosa

THE MOST IMPORTANT – El más importante

GREAT JOB *(gréit yob)* – Buen trabajo

WELL DONE *(uel dan)* – Bien hecho

KEEP IT UP *(kíip it ap)* – Sigue así
NEVER MIND *(never maind)* – No importa
DON´T APOLOGIZE *(don't apoloyais)* – No Te disculpes
FORGET ABOUT IT *(forguet abaurit)* – Olvídate de eso
COME ON TIME *(com on taim)* – Llegar a tiempo
CLOSE FRIENDS *(cloús frends)* – Amigos cercanos
GET ON WELL *(guet on uel)* – Llevarse bien
FEEL AT HOME *(fíil at jom)* – Sentirse en casa
NO RUSH *(no rosh)* – Sin prisa
GO UP *(gou ap)* – Subir
GO DOWN *(gou daun)* – Bajar

YOU DON'T SAY *(iu don't sei)* – No me digas

VERBO *"Like"*

LIKE (laik) es uno de los verbos más usados en ingles significa "gustar" y también "caer bien" vamos a ver su conjugación y algunos ejemplos; recuerda que si no ves la pronunciación en algunas palabras es porque ya la hemos dado anteriormente.

I LIKE – A mí me gusta
YOU LIKE – A ti Te gusta
HE LIKES – A él le gusta
SHE LIKES – A ella le gusta

WE LIKE – A nosotros nos gusta
THEY LIKE – A ellos les gusta

VEAMOS ALGUNAS ORACIONES

I LIKE PIZZA – Me gusta la pizza
MARY LIKES MUSIC – A maria le gusta la música
THEY LIKE BASEBALL – A ellos les gusta el baseball
I LIKE PETER – Me gusta o Me cae bien Pedro
WE LIKE TO DANCE – Nos gusta bailar
I LIKE THAT CAR – Me gusta ESE auto
I LIKE IT – Me gusta
Do you like it? – Te gusta?
I LIKE WATER – Me gusta el agua

Es importante saber que el verbo **LIKE** es un verbo regular y cambia solamente en la tercera persona que son he, she e it, donde se le añade una –s. she likes, he likes and it likes.

Para negar con like es decir para decir que algo no nos gusta solamente agregamos don´t y doesn´t para las terceras personas, vamos a ver algunos ejemplos:

I DON´T LIKE – *(ai dont laik)* – No me gusta
YOU DON'T LIKE- *(iu don't laik)* – A ti no Te gusta

HE DOES´T LIKE- *(jí dasent laik)* – A el no le gusta

SHE DOESN´T LIKE – *(shí dasent laik)* – A ella no le gusta

IT DOESN´T LIKE – No le gusta

WE DON´T LIKE – A nosotros no nos gusta

THEY DON´T LIKE – A ellos no les gusta

WHAT TIME IS IT?
(uat taim is it)
QUE HORA ES?

Decir la hora en inglés is VERY EASY y más si ya sabes los números y el verbo to be Lo cual ya vimos en páginas anteriores.

IT´S

Para decir la hora en inglés siempre usamos la tercera persona del singular del verbo to be la cual es (it´s)
O´CLOCK
(Oclok)

Usamos la frase o´clock de la siguiente forma te mostrare algunos ejemplos:

ITS ONE O´CLOCK – Es la una.
ITS TWO O´CLOCK- Son las dos en punto
ITS TEN O´CLOCK – Son las diez en punto

ITS SEVEN O´CLOCK- Son las siete

ITS NINE O´CLOCK – Son las nueve

ITS EIGHT O´CLOCK IN THE MORNING – Son las ocho de la mañana

ITS THREE O´CLOCK IN THE AFTERNOON – Son las tres de la tarde

ITS TEN O´CLOCK IN THE NIGHT – Son las ocho de la noche

IT'S NEARLY SEVEN O'CLOCK - Son casi las 7

Para dominar la hora en inglés solo debes aprender los números veamos otros ejemplos: Para decir la 1:05 decimos one oh five donde oh equivale al cero.

11:01 --- its eleven oh one
1:05 ------its one oh five
2: 09------its two oh nine
9:08 ------its nine oh eight
7:07-------its seven oh seven

Otros ejemplos:

11:20 – its eleven twenty
1.32 ----its one thirty-two
10:43---its ten forty-three
9:54-----its nine fifty-four
7:30-----its seven thirty
9:58-----its nine fifty-eight

Y así sucesivamente es solo cuestión de saberse los números.

AHORA VAMOS A APRENDER ALGUNOS VERBOS MUY IMPORTANTES EN INGLES

ACCEPT *(ekcept).}* -
ACEPTAR
ALLOW *(aláu)* –
PERMITIR,
DEJAR
ASK *(ask)* -
PREGUNTAR
BELIEVE *(bilif)* -
CREER
BORROW *(bórou)-*
PRESTAR
BREAK *(bréik)* -

ROMPER

BRING *(bríng)* - **TRAER**

BUY *(bái)* - **COMPRAR**

CAN/BE ABLE *(ken)* - **PODER**

CANCEL *(cáncel)* - **CANCELAR**

CHANGE *(chéinch)* - **CAMBIAR**

CLEAN *(clíin)* - **LIMPIAR**

COMB *(cóm)* - **PEINAR**

COMPLAIN *(complein)* - **QUEJARSE**

COUGH *(cóf)-*
TOSER
COUNT *(cáunt)-*
CONTAR
CUT *(cót) -*
CORTAR
DANCE *(dáns)-*
BAILAR
DRAW *(dró) -*
DIBUJAR
DRINK *(drink)-*
BEBER
DRIVE *(dráif) -*
CONDUCIR
EAT *(íit)-* **COMER**
EXPLAIN
(explaín)-
EXPLICAR
FALL *(fál)-*

CAERCE

FILL *(fíl)* -
LLENAR

FIND *(fáind)* -
ENCONTRAR

FINISH *(fínish)*-
TERMINAR

FIT *(fít)*- **CABER**

FIX *(fíx)*-
REPARAR

FLY *(flái)* -
VOLAR

FORGET
(forguét)-
OLVIDAR

GIVE *(guif)*- **DAR**

GO *(góu)*- **IR**

HAVE *(jáf)*-
TENER

HEAR *(jéer)-*
ESCUCHAR
HURT *(jórt)* -
DAÑAR
KNOW *(nóu)-*
SABER
LEARN *(lern)* -
APRENDER
LEAVE *(líf)* —
SALIR,
MARCHARSE
LISTEN *(lisén)-*
ESCUCHAR
LIVE *(laif)-* **VIVIR**
LOOK *(lúuk)-*
MIRAR
LOSE *(luus)-*
PERDER
MAKE/DO

(méik/dú)-
HACER
NEED *(niíd)-*
NECESITAR
OPEN *(oúpen)* **-**
ABRIR

CLOSE/SHUT
(clous/ chat)-
CERRAR
ORGANIZE
(organais)-
ORGANIZAR
PAY *(péi)* **-**
PAGAR
PLAY *(pléi)-*
JUGAR
PUT *(pút)-*
PONER

RAIN *(rein)-*
LLOVER
READ *(ríid)* -
LEER
REPLY *(riplai)-*
CONTESTAR
RUN *(rán)* -
CORRER
SAY *(séi)-* **DECIR**
SEE *(síi)-* **VER**
SELL *(sél)-*
VENDER
SEND *(send)-*
ENVIAR
SIGN *(sáin)-*
FIRMAR
SING *(sing)-*
CANTAR
SIT *(sít)-*

SENTARSE
SLEEP *(esliíp)-*
DORMIR
SMOKE
(esmóuk)-
FUMAR
SPEAK *(ispík)-*
HABLAR
SPELL *(espél)-*
DELETREAR
SPEND *(espénd)-*
GASTAR
STAND *(stand)-*
PONERSE DE PIE
START/BEGIN
(estárt/bigin) -
COMENZAR
STUDY *(estadi)* -
ESTUDIAR

SUCCEED *(suksiid)-* **TENER EXITO**

SWIM *(suim)* - **NADAR**

TAKE *(téik)-* **TOMAR**

TALK *(tók)-* **HABLAR**

TEACH *(tiích)-* **ENSEÑAR**

TELL *(tél)-* **CONTAR**

THINK *(zínk)* - **PENSAR**

TRANSLATE *(tránsleit)-* **TRADUCIR**

TRAVEL *(travel)-*

VIAJAR
TRY *(trai)*-
INTENTAR
TURN OFF *(turn of)* - **APAGAR**
TURN ON *(turn on)*- **PRENDER**
TYPE *(taip)*-
ESCRIBIR A MAQUINA
UNDERSTAND *(andestand)*-
ENTENDER
USE *(ius)*- **USAR**
WAIT *(ueit)*-
ESPERAR
WAKE UP *(ueik ap)*- **DESPERTAR**
WANT *(uant)*-

QUERER
WATCH *(uatch)-*
MIRAR
WORK *(uork)-*
TRABAJAR
WORRY *(uorri)-*
PREOCUPARSE
WRITE -
ESCRIBIR

CARNES Y AVES

Meats and Poultry

BACON *(béikon)* - panceta, tocino
BEEF *(bííf)* - carne vacuna
BEEF STEAK *(bíf stéik)* – bistec

BLACK PUDDING *(blák púding)* - morcilla

BLOOD SAUSAGE *(blód sósedch)* - morcilla

BONELESS *(bóunles)* - deshuesado

BRAINS *(bréins)* - sesos

BREAST *(brést)* - pechuga

CHEESEBURGER *(chíis-bérguer)* - hamburguesa de queso

CHICKEN *(chíken)* - pollo

CHOP *(chop)* - chuleta

COLD MEATS *(kóuld míits)* - fiambres

COOKED *(kúkt)* - cocida

CUTLET *(kótlit)* - chuleta

FOWL *(fául)* - ave de corral

GAME *(guéim)* - animales de caza

GOAT *(góut)* - cabrito
GRAVY *(gréivi)* - salsa (de carne)
GRILLED *(grild)* - a la parrilla

GROUND MEAT *(gráund míit)* - carne picada
HAM *(hám)* - jamón
HAMBURGER *(hámberguer)* - hamburguesa
KIDNEYS *(kídnis)* - riñones

LAMB *(lam)* - cordero
LIVER *(líver)* - hígado
MARROW *(mérrou)* - médula
MEATBALLS (mítbols) - albóndigas

MEDIUM RARE *(mídiom réer)* - medio hecho
MUTTON *(máron)* - carne de oveja

PORK *(póork)* - carne de cerdo
PORK CHOPS *(pork chops)* -
chuletas de cerdo

PORK LOIN *(pork lóin)* - lomo de
cerdo
PORK SAUSAGE *(pórk sósedch)* -
chorizo
POULTRY *(póultri)* - carne de ave
RARE *(réer)* - poco cocida

RIBS *(ribs)* - costillas
ROAST BEEF *(róust-bíf)* - carne
asada
ROASTED *(róusted)* - asada
SALAMI *(salámi)* - salame

SAUSAGE *(sósedch)* - salchicha,
chorizo
SIRLOIN STEAK *(sírloin stéik)* - bife

de lomo
STEAK *(stéik)* - bistéc
SUCKLING PIG *(sáklin pig)* - lechón

TONGUE *(táng)* - lengua
TRIPE *(tráip)* - tripas
TURKEY *(térki)* - pavo
VEAL *(víil)* - carne de ternera

VEAL STEAK *(víl stéik)* - bistéc
ternera
VENISON *(vénison)* - carne de
venado
WELL DONE *(uél dán)* - bien
cocida

Tiendas y comercios
Shops and Stores

bakery (béikeri) - panadería
barber's (bárbers) - barbería
bookstore (búkstor) - librería
butcher's (búchers) - carnicería

cake shop (kéik shop) - pastelería
candy store (kándi stor) - tienda de golosinas
children's wear (chíldrens uér) - ropa de niño
clothing store (klóuding stor) - tienda de ropas

coffee shop (kófi shop) - cafetería
confectioner's (konfékshoners) - pastelería
dairy store (déri stor) - lechería
delicatessen (délikatesen) - fiambrería

drugstore (drágstor) - farmacia
dry cleaner's (drái-klíiners) - tintorería
estate agency (estéit éidchensi) - agencia inmobiliaria
fishmonger's (físhmonguers) - pescadería

florist's (flórists) - floristería
fruit shop (frút shop) - frutería
furniture store (férnicher stor) - mueblería
gas station (gás stéishon) - gasolinería

greengrocer's (gríingrousers) - verdulería
grocery store (gróuseri stor) - almacén

hairdresser's (herdrésers) - peluquería

hardware shop (hárduer shop) - ferretería

herbalist's shop (hérbalists shop) - herboristería

ice-cream parlour (áiskrim párlor) - heladería

ironmonger's (áironmonguers) - ferretería

jeweller's (dchúelers) - joyería

jewellery store (dchúelri stor) - joyería

kiosk (kíosk) - quiosco

ladies' wear (léidis uér) - ropa de señora

laundromat (lóndromat) - lavandería automática

leather goods shop (léder gúuds shop) - marroquinería
mall (móol) - centro comercial
market (márket) - mercado
men's wear (méns uér) - ropa de caballero

music store (miúsik stor) - tienda de música
newsstand (niússtand) - quiosco de periódicos
optician's (optíshans) - optica
perfumery (perfiúmery) - perfumería

pet shop (pét shop) - tienda de animales
pharmacy (fármasi) - farmacia
shoe shop (shú shop) - zapatería

shopping center (shóping sénter) - centro comercial

shops (shops) - tiendas
souvenir shop (suveníir shop) - tienda de souvenirs
sports store (spórts stor) - tienda de deportes
stationery store (stéishoneri stor) - papelería

stores (stór) - tiendas
supermarket (súpermarket) - supermercado
toy store (tói stor) - juguetería
travel agency (trável éidchensi) - agencia de viajes

vegetable store (védchetabl stor) - verdulería

video store (vídiou stor) - tienda de videos

Medicinas y remedios
Medicines y Remedie
alcohol (álkohol) - alcohol
analgesic (analdchísik) - analgésico
antacid tablets (antácid táblets) - pastillas antiácidas
anti-inflammatory (anti-inflámatori) - antiinflamatorio

anti-itch cream (anti-itch krím) - crema contra la picazón
antibiotic (anti-baiótik) - antibiótico
antiseptic (anti-séptik) - antiséptico
Band-Aid (bánd-éid) - Curita

bandage (bándidch) - venda
barbiturate (barbítiurit) -
barbitúrico
bottle of aspirin (bótl ov áspirin) -
frasco de aspirinas
calcium (kálsiom) - calsio

cold tablets (kóuld táblets) -
comprimidos para el resfrío
compound (kómpaund) -
compuesto
cotton wool (kóton úul) - algodón
cough drops (kóf drops) -
comprimidos para la tos

play

disinfectant (disinféktant) -
desinfectante
dose (dóus) - dósis

drugstore (drágstor) - farmacia
eye drops (ái drops) - gotas para los ojos

first-aid box (férst-éid boks) - caja de primeros auxilios
gauze (góos) - gasa
hormone (hórmoun) - hormona
injection (indchékshon) - inyección

insulin (ínsiulin) - insulina
iodine (áiodain) - yodo
lab (lab) - laboratorio
laxative (láxativ) - laxante

medicine (médisin) - medicamento
needle (níidl) - aguja
ointment (óintment) - pomada

painkiller (péin kiler) - calmante para el dolor

peroxide (péroksáid) - agua oxigenada
prescription (priskrípshn) - receta
remedy (rémedi) - remedio
sedative (sédativ) - sedante, calmante

skin cream (skín krím) - crema para la piel
sleeping pills (slíipin pils) - pastillas para dormir
sunburn cream (sánbern kríim) - crema para quemaduras de sol
suppository (supositóri) - supositorio

syringe (sríndsh) - jeringa

syrup (sírop) - jarabe
thermometer (zermomíter) - termómetro
throat spray (zróut spréi) - spray para la garganta

tissues (tíshus) - pañuelos de papel
toothbrush (túzbrash) - cepillo de dientes
tube of ointment (tiúb ov-óintment) - tubo de pomada
vitamin C (váitamin sí) - vitamina C

Taller y herramientas
The Workshop

adhesive tape (adjísiv téip) - cinta adhesiva
anvil (ánvil) - yunque
awl (óul) - punzón
bolt (bóult) - bulón

brace (bréis) - taladro de mano
chain saw (chéin só) - motosierra
chisel (chísl) - cincel, formón
drill bit (dríl bit) - mecha del taladro

electric drill (iléktrik dríl) - taladro eléctrico
extension cord (exténshon kord) - cable prolongador
file (fáil) - lima
folding ruler (fóulding rúler) - metro plegable

gadget (gádchet) - aparato
glue (glúu) - pegamento
hammer (hámer) - martillo
mallet (málet) - mazo

- <u>play</u>
-

masking tape (másking téip) -
cinta protectora
monkey wrench (mónki rénch) -
llave inglesa ajustable
nail (néil) - clavo
nail puller (néil púler) - sacaclavos

nut (nát) - tuerca
paint (péint) - pintura
paint brush (péint-brásh) - brocha
peg (peg) - clavija

plane (pléin) - cepillo
pliers (pláiers) - tenazas, pinzas
rag (rag) - trapo
rake (réik) - rastrillo

ruler (rúler) - regla
sandpaper (sándpeiper) - papel de lijar
saw (só) - serrucho
scissors (síisors) - tijeras

scraper (skréiper) - raspador
screw (skrú) - tornillo
screwdriver (skrúdráiver) - destornillador
shears (shíars) - tijeras de podar

shovel (shóvel) - pala
solder (sóulder) - soldador
square (skuéer) - escuadra

tack (ták) - tachuela

tape measure (téip mésher) - cinta métrica

tool box (túul box) - caja de herramientas

tools (túuls) - herramientas

vise (váis) - torno de banco

washer (uósher) - arandela

wire (wáier) - cable

workbench (wórkbench) - mesa de trabajo

workshop (wórkshop) - taller

wrench (rénch) - llave inglesa

Geografía - Vocabulario en inglés

Geography -

bay (béi) - bahía
brook (brúk) - arroyo
canyon (kánion) - cañón
channel (chánel) - canal

cliff (klíf) - acantilado
coast (kóust) - costa
creek (kríik) - riachuelo
crevice (krévis) - falla, grieta

desert (désert) - desierto
dunes (diúns) - dunas
forest (fórest) - bosque, selva
glacier (gléishier) - glaciar

gorge (górdch) - cañón,
desfiladero
grove (gróuv) - bosquecillo,

arboleda
gulf (gálf) - golfo
hills (hils) - sierras, colinas

ice floe (áis flóu) - témpano chico
iceberg (áisberg) - iceberg
island (áiland) - isla
lagoon (lagúun) - laguna

lake (leík) - lago
marsh (márrsh) - pantano
meadow (médou) - prado
mountain (máuntin) - montaña

mountain range (máuntin réindch) - cordillera
narrow pass (nárrou páas) - desfiladero

---

oasis (ouéisis) - oasis
ocean (óushen) - océano

path (paz) - sendero, camino
peak (píik) - pico, cima
peninsula (península) - península
plain (pléin) - llanura

plateau (platóu) - meseta
pond (pond) - estanque
prairie (préeri) - llanura, pradera
precipice (présipis) - precipicio

rapids (rápids) - rápidos
ravine (ravíin) - barranco
reef (ríif) - arrecife
reservoir (réservuar) - embalse

river (ríver) - río
sea (síi) - mar

shore (shóor) - orilla, costa
spring (spring) - manantial

strait (stréit) - estrecho
stream (stríím) - arroyo
summit (sámit) - cumbre
swamp (suómp) - pantano,
ciénaga

tributary (tríbiutari) - afluente
valley (váli) - valle
volcano (volkéinou) - volcán
waterfall (wóterfól) - catarata

wood (wúud) - bosque

Las flores
Flowers

azalea (aséilia) - azalea
bouquet (bukéi) - ramo de flores
bud (bad) - capullo
bulb (bólb) - bulbo

cactus (káktos) - cactos
calla lily (kála líli) - cala
camellia (kamília) - camelia
carnation (karnéishon) - clavel

chrysantemum (krisántemom) - crisantemo
daffodil (dáfodil) - narciso
dahlia (dália) - dalia
daisy (déisi) - margarita

fern (fern) - helecho
flower stall (fláuer stol) - puesto de flores
flowerpot (fláuer pot) - maceta

gardenia (gardínia) - gardenia

geranium (dcheréinium) - malvón
gladiola (gládioula) - gladiolo
hortensia (orténsha) - hortensia
hyacinth (jáia-sínz) - jacinto

iris (áiris) - lirio
jasmin (dchásmin) - jazmín
leaf (líif) - hoja
lilac (láilak) - lila

magnolia (magnóulia) - magnolia
marigold (mérigould) - caléndula
morning glory (mórning glóri) -
campanilla azul
orchid (óorkid) - orquídea

pansy (pánsi) - pensamiento
petal (pétal) - pétalo

petunia (petúnia) - petunia
pink (pínk) - clavelina

poppy (pópi) - amapola
root (rúut) - raíz
rose (róuss) - rosa
stem (stém) - tallo

sunflower (sánfláuer) - girasol
thorn (zórn) - espina
tulip (tiúlip) - tulipán
vase (véis) - florero, jarrón

violet (váiolit) - violeta
wallflower (wól-fláuer) - alhelí
water lily (wóter líli) - nenúfar
white lily (wáit líli) - azucena

**Plantas y árboles -
Plants and Trees**

apple tree (ápl tríi) - manzano
ash tree (ásh tríi) - fresno
bark (báark) - corteza
beech tree (bich tríi) - haya

birch (béerch) - abedul
branch (branch) - rama
branches (bránchis) - ramas
bush (búsh) - arbusto

cactus (káctos) - cactus
cedar (sídar) - cedro
clover (klóuver) - trébol
coconut tree (koukonát tríi) - cocotero

creeper (kríiper) - enredadera
cypress (sáipres) - ciprés
elm (élm) - olmo
fir tree (fér tríi) - abeto

foliage (fóulidsh) - foliage
ivy (áivi) - hiedra
leaf (líif) - hoja
leaves (líivs) - hojas

lemon tree (lémon tríi) - limonero
mahogany (mahógani) - caoba
maple (méipl) - arce
oak (óuk) - roble

olive tree (óliv tríi) - olivo
orange tree (órendch tríi) - naranjo
palm tree (pálm tríi) - palmera
pine (páin) - pino

plane tree (pléin tríi) - plátano
poplar (póplar) - álamo
roots (rúuts) - raíces
shrub (shráb) - arbusto

trunk (tránk) - tronco
twig (tuíg) - ramita
vine (váin) - vid, parra
vineyard (vín iard) - viñedo

walnut tree (wólnat tríi) - nogal
weeds (wíds) - malezas
weeping willow (wíiping uílou) - sauce llorón
willow (wílou) - sauce

APÉNDICE

Si ha estudiado todos los vocabularios, frases de este primer libro y lo sabe de memoria pues ya estás preparado para el siguiente libro inglés fluido volumen 2 el cual estará disponible a partir del 21 de febrero del 2020. Recuerde que son cinco libros los cuales son parte de un curso completo de inglés los cuales te llevaran a un nivel avanzado una vez terminados.

En estos cinco libros vas ha aprender más de 24 mil palabras y aprenderás a pensar en inglés en un tiempo record.

El aprender este idioma deja de ser una tarea larga, árida y difícil cuando se estudia en debida forma, para convertirse en un agradable pasatiempo.

Desde ahora necesitas cambiar tu celular al inglés y todo lo que puedas, comienza a escuchar música en inglés, ver películas en inglés para que tu oído se vaya acostumbrando.

INGLES FLUIDO 2 COMPRALO AQUI

COMPRARLO AHORA!
DISPONIBLE
INGLES FLUIDO NIVEL 2.
BUSCALO EN AMAZON.COM

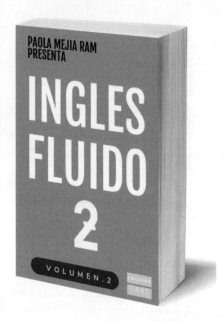

DISPONIBLE EN FISICO Y DIGITAL EN AMAZON

MIS OTROS LIBROS

FRANCÉS FLUIDO
ITALIANO FLUIDO
PORTUGUES FLUIDO
ALEMÁN FLUIDO

PAOLA MEJÍA RAM